하늘못 절길

시집 구상회

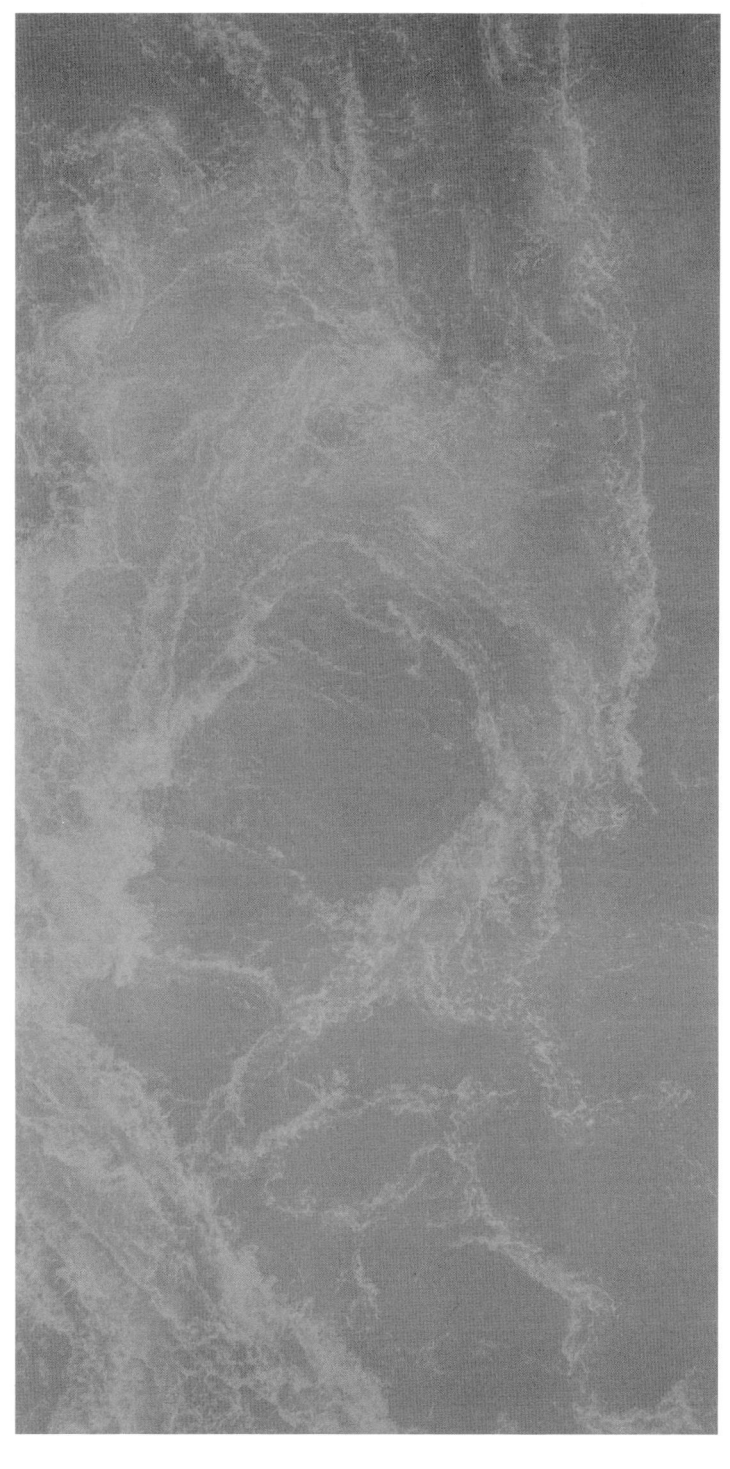

序文

절말이 시 아닌가
시야 혼잣말이지
타령도 시라네

해서
한데 매본다
한진갑 지난 나이에

- 素然(소연) 구상회 -

1992년 한중 수교 후 백두산 천지에서 통일 기원 제사
이상비 교수, 구상회 시인, 노문 선생

맨 아래 좌측에서 네 번째가 구상회 시인

좌로부터 신동엽 시인, 김종익 금강 양조장, 구상회 시인

좌로부터 신동엽 시인, 구상회 시인, 노문 선생

차례

구자균의 말

제1부 **하늘못 절길**

수수한 하루	12
세만지	14
벗	16
한두미	18
하늘못 절길	20
- 절미절글	20
- 구름 복숭아	21
- 하늘못	23
- 하늘못 절말	25
- 천지가 열린다	27
그리고 눈알을	30
벗의 예순돌에	35
- 항아리 울음	35
- 절미	38
- 소종이라 답하다	42
사람	44
장구동에서	48

누이 마음	56
길나래비	57
눈물	60
삼내림	62
흑산도에	64
옛 보고 이제보니	70
기러기와 고무신	71
미운다섯 살	75

제2부 혼잣말

문턱	80
혼잣말	82
쓴약 한방울	83
먼저여라	85
한목소리로	86
별 하나 나 하나	88
바르셀로나	89
배웅	90
다짐	91
약손	92
곰나루	93
알돌을 안친다	99

제3부 매화타령

대로나	102
네소 이야기	104

우리별 1호	105
뒷간	106
할매는	108
제모습	109
매화타령	110
알고모를 일	112
서울나드리	113
길막고 물어봐	115
송장배미	117
해설 / 김홍정(소설가)	122

구자균의 말

  평생 신동엽 시인과 문우로서 함께 글을 쓰고 민족의 앞날을 걱정하던 선친 구상회는 생전 몇 편의 시를 공주문인협회 기관지 (공주문학)에 남기셨을 뿐이다.

  그러나 그게 다가 아니라 선친께서는 신동엽 시인과 걷던 금강과 우금티의 기억과 분단조국의 아픔을 당신만의 방식으로 시로 형상화하여 후손에게 남기셨고 동학군의 절절한 사연들을 일일히 찾고 옮긴 자료가있으며 이제 후손에게 남긴 원고를 옮겨 유고집으로 묶어 펴낸다.

  흩어질 꽃잎들이 새로 피어나니 오직 향기가 더하길 바랄 뿐이다.

  끝으로 출간에 많은 도움을준 소설가 김홍정친구에게
    진심으로 감사를 표합니다.

제1부
하늘못 절길
- 天池祭行 -

수수한 하루

오락가락
빗낱 뿌리고

바람 떼쓰듯 부는 아침

설레는 새울에
까치가 울고

조츰조츰 찾아든
한무리 길손님

버들치* 노는 도랑물에
도란도란

사내들이 쌀을 씻고
밥을 짓는다

안스럽다 싶더니
비바람은 자고

이렇게 아늑한 곳 처음이라 하네

아마 우리 삶새도
한몫 좋이 하는가

깜박 하루해가 간다

* 버들치가 놀면 일급수라 그냥 마셔도 좋단다

세만지

산 울타리 오두막
군불을 지피는데

기운 한나절

지나던 길손이
중얼중얼
〈삼만지〉 명당이란다

바람 물 맛 좋고
땅 집 사람 모두다
〈인지 만지〉해서

그냥 살 곳이라 여겨
하는 말이라네

하늘의 시인 〈러므로〉
새울 늙은이 〈대로나〉

그 젊은 날이
가물가물 되살아

그저 쓸쓸레 웃으니

나그네는 싱겁게
마주 웃고 돌아간다

문득 처지는 몸 추스르며
장독을 살피다

창틀만치 열린 하늘을
무심코 내다본다

아내가 나무하러 간
산 위로

1) 삼만지 : 땅인지만지, 집인지만지, 사람인지만지
2) 러므로 : 사십에 타계한 벗, 한올의 시인, (그, 이, 저 〈러므로〉)
3) 대로나 : 필자(그, 이, 저 〈대로나〉)
4) 젊어 한 때 졸가리가 서고 안서고를 서로 뜯어 부른 이름

벗

백간의 사랑방 내력에는
기생집 열녀 그대로 사려 있네
얘기는 곤쟁이젓 숙주나물로 번진다
송곳 같은 눈살
얼마나 이글이글 화등잔이었으리

천지물 먹고 큰 백두하님
백담물 먹고 사는 한라하님
두 만남 치레는
악연이로세 악질이로세
뭍바람 바닷바람 마주 치는 몸살인가
한맥을 헛짚는다

이긴다는 것은
밀가루나 이겨 수제비 만들고
흙이나 이겨 항아리 만들고
내나 이겨 사람 노릇 하님* 구실이지
아니 그러한가

스며나는 물이 소연이라면
소강은 구비치며 솟치며 흐르는 푸른 물결
소종은 바다목에 벙벙히 출렁이는 흰 물살
소명은 물길 밝은 헤엄둥이
걸림새 없이 잘 타고 노닌다 자맥질도 해가며

포르란히 흰 꽃잎
발그래 붉은 매향 눈을 씻고
홍백 청매술에 벗님네라

망울망울 트는 바람소리
서리서리 머리드는 숨결소리
촉촉이 몸을 감는 벗의 매화사
젖은 눈 멍하니 뒷맛에 잠기네

* 하님 : 신행길에 신부를 앞세우고 가던 어머니 대리격 특사, 사명인,
  백간은 白艮(백간)스님, 素明, 素江, 素宗, 素然은 四素의 號

한두미

새벽길 삼백리
부연히 날이 새고
산이 먼저 일어 반긴다

살짝 얼굴 씻기니
한번 크게 놓아 둔 한둔산
조화 부리는 재주도 놓아두네

앉고 눕고 걷고 이어지는
깊고 긴 벗의 이야기
바랭이턱 올라 서서

배꼽 아래
마이산 솟구미
힘 모두고

백두
환인 땅에 흘린 물
가슴 차도록 마셔다가

한 밭에 대라

가지 마디에 붙은

한티 곰티 배티
말티 불티 늘티

쫓고 숨고 숨고 쫓고
옷깃 스쳤을지도 모를
먹고개 사람들

대둔아
대둔이로구나

낮밤 지새운 벗
우두커니 마주본다

1) 한두미 : 대둔산 본래 이름이 한둔산인데, 논산놀미, 예산예미 같은 것, 대둔산 북쪽에서 발원, 벌곡 유성으로 흐르는 내는 한삼천이다. 한둔산은 크막하게 둔 산, 한삼천은 큼직하게 삼아낸 내 아닐까
2) 바랭이턱 : 조망대
　　옛날 걸어서 몇백리 찾아온 손님을 배웅할 때. 십리 밖 고개 마루에 서서 아물아물 사라질 때까지 바랜다. 그러한 고개를 바랭이재라고 한다. 그같이 쓴 것이다.
3) 솟구미 : 마이산 속칭이 솟굼산인데, 한두미처럼 쓴 것이다.
4) 먹고개 : 한쪽이 평지인 외짝고개이다. 예를 들면 진안 전주간 지금의 싸리재가 그렇다. * 먹통고개 분단고개.
5) 대둔아 ~ 大屯아 大屯이로구나(앞의 대둔은 지금 대둔이고, 뒤의 대둔은 한둔이란 뜻의 대둔이다)
6) 불티 : 불툭고개, 고개는 잘쑥한 쑥고개거나 골고샅따라 샅티면 좋은데 툭 불거진 봉우리로 난 힘든 고개
7) 배티 : 밭은 재
8) 늘티 : 느린 재

하늘못 절길

1
절미절글

구만리 돌아서 가는 한굼부리
절길 앞두고

먼저 절미에서 절드리나니
날을 가리어 칠월칠석

만나고 헤어지고
헤어지고 만나고 스사로울 뿐인데

버릇은 어이그리
금을 긋고 말뚝을 박는가

삼신이여
물 한동이 올리고 절하오니

할미로 자리하여 삼줄을 당기시고
하님을 삼으소서

나고 지고 하고 되고 삼는 일이
언제 어딘들 멈추리오만

절자리마다 눈길 두시어
삼고 하고 되게 하소서

일어지이다
절하나이다

1) 절미절글 : 寺山祭文, 寺山은 군산 대전마을 절매산(寺洞山)으로 절미이다. 집이 한 채면 외딴 터 또는 외딴집, 두어채면 매 (두집매, 세집매) 댓채면 뜸이다. 寺山은, 祭拜, 기도 드리던 산, 삼신 위하던 절미.
2) 한굼부리 : 白頭聖山, 굼부리(굼) 움 : 오목 +(부리) 불: 불록 =噴火口峰
3) 삼신 : 三神이 아니다. 삼가르다삼 또는 삼다삼. 신할미신 또는 어르신이다. 〈님〉은 도련님의 경우같이 어린이에게도 쓰이나 〈신〉은 어른에만 쓰인다. 신할미(老姑), 어르신(丈老)과 같이 老伯主의 뜻을 지닌다.

2
구름 복숭아

칠월 칠석 드는 한밤
절미 검던이
북두칠성이 나즈막하다

〈한살이〉 하늘못 절길에
한발 다지는 울안 마당

한밭 마을 함박골
만동물 한동이

검바위 앉은대로 바쳐
올리고

한들한들 바람 타는 촛불
향내음 하늘하늘
하님네 절글 소리
우렁우렁

이윽고
미리내 한 언저리에
고깔만한 두어 조각 구름
한 장이 되어

쌀못 닮은 두잎새 한쪽 머리에
반가려 싸이는 복숭아 한알

한얼
한울
한알 삼고
하늘에 먹어 들다

1) 검던이 : 神壇. (던이: 불두던이, 뫼편던이, 고개편던이)
2) 검바위 : 검던바위 神壇巖, 자칫 달 가리키는 손가락 꼴이기 쉬움
3) 한살이 : 한운동, 대동살이, 일생, *한사랑 한 살림 한타령
4) 한얼 : 우주정신, 세계정신, 대동정신, 한겨레정신, 인간정신
5) 한울 : 우주대동체 ~ 한집안 *〈한울〉 안에 살면서 며느리성 모른다
6) 한알 : 인류동포, 하나의 알맹이, 한낱, 한배
7) 하늘에 : 영원무한 공간세계에

3
하늘못

바다를 건너
남나라 돌아서
옛당을 지나
그러고도
하늘못 저쪽 바라만 본다는데

볼곳이요 보고싶고 보겠다는 얼만 살아
처진 몸 맨손 무릅쓰고
강남가듯 길벗삼아 따라가려네

장가 들던 날
부소산 기둥소나무 끌어안고
꿀꺽 어깨울음 삼킨 사람

그보고 못나니라
울테면 백두산이 울리도록
한번 울어 버리라고
산이 우르렁 두볼에 물흐른 사람

며칠 동안만 하고
피바람 지나가거든 돌아오라며
외동아들 바래준 어버이들
옥설천 아래 산자락 어디에서
남녘 하늘 우러를지도 모를 고향 땅

압록강 가로타고 세수하는 곳
그집 부르면 들릴텐데

뒷일 맏이에게 이르고
호젓한 강가에 날마다 혼자 서성이며
누구를 그리고
무엇을 생각하리

무르익은 술자리 옛시를 들며
산제비는 후리새로 용문 문지기
풀 나무 꽃 사슴 까마득 펼친 봉우리들

거기 살고지고
열매 따서 백년 먹을 술
담거 두고 왔다고

용왕못 삼백 몇십몇 구멍
펄펄 살아 숨쉬는
한겨레 먹일 물이 다 솟아요

한마디로 할머니 자궁이오
몸으로 울먹하는 어느 사진예술인

불물이 물이 되니
진물은 불에서 난다 하던가

새벽 잠자리 꿈에라도 곰이 되어
오만네 곧은 절자리 여정제배에 앉아
지구멍 만져볼까

범이 되어 아반네 바위부리
검던나무 아래 서서
별하늘 짚어볼까

뜬 눈 날이 밝고
돌아오는 갈마중은 임진각으로 하지요
웃음어린 막내아이 얼굴이 커보인다

1) 하늘못 : 백두산 天地
2) 옥설천 : 천지에 있는 마른내 玉雪天이 땅속으로 물이 스며 압록강
        근원인 듯
3) 용왕못: 천지의 본디 이름이 용못, 용왕못(龍王潭, 龍王潭)
4) 여정제배(女貞祭拜) : 용왕못을 위하던 제배치성처, 절하던 자리
5) 지구멍 : 정수리 지음구멍
6) 검던나무 : 신단수(神壇樹)

4
하늘못 절말

오늘
여기 우리들
한굼부리
하늘못 땅물

절물삼아
절드리나니

삼신이여

삼줄 풀고당기사
사람마다
하님을 삼고
되고 여문짓 도두시고

타고 누르고 밟고
맺히고 얽히고 막히고
스스로 죄는 아닌 짓
스사로이 쓸어 울 넘기시고

탈을 삭이고 살을 녹여
기쁨 슬픔 한마음 나누고
아닌 일 치레짓에
아무도 진빠지는 일 없이 하소서

섬기고 따르리니
일어지이다 절하나이다

5
천지가 열린다

구름 속에서
구름 위에서

장백산마루 구름 속에서
천지를 가린 구름 위에서

한굼부리 검바위 절자리 삼아
물 한 그릇 올리고 옥향을 사르니
옥향로에 구름이 하냥한다

하얀 절옷 까만수염 한 신하님
웅얼웅얼 두루마리 절글을 읽어내린다

하늘못 굼부리 항아리울음

펄럭펄럭 구름 바람 타는 두어발 절글
터지기 젊은이가 말아올려 거든다

놀강 도선말 거쳐 간 박달 복숭아
검은 옷 절말로 뒤를 바치고

흰옷 검은 옷 두하님 두손짓
땅 하늘 사람 한모듬 한절을 하고

받아 들겠지 하던 한 하님
눌러 앉아 염을 한다

한친들 놓칠세라 백두하님
사진 잡아 돌며

천지가 열린다
기가 막히구나
이를 어쩌랴
어찌하랴
까아땜

한서리 한마딘가 진저린가
구름이 가리던가

땅 밑 바다하고 튼 바다눈
사르르 구름발 걷으니
쪽빛 눈망울

몸이 곧는다
고만 눈을 감는다

신하님 흐뭇하여 머리 빗질 하고 수염을 빗고
그리고 느긋이 사진자리 잡는다

하늘못 오르는 길 돌아서서
장백폭포 아래 바위 위에

삼신이여

구름에 젖은 절말
홀로 물보라에 적신다

송호강 첫째다리 위에 서서
간도땅 바다목을 그려보며
길벗을 기다리고

천지빈관 가무청 춤노래 패들이
뒤풀이 한굿에 얼리어
한잔치 한마당 한밤이 지새도록 이끈다

1) 옥향 : 중국 으뜸이라는 상해 옥불사의 향.
2) 놀강 : 상해 黃포江, *놀미, 황등, 황해 같은 향토정서
3) 도선말 : 심양 도선공항이 있는 桃仙村 *고향 같은 생각
4) 한모듬 한절 : 어먼네들이 땅을 어루듯 하늘을 가슴에 쓸어안 듯 합장하
           고 숙이어 삼신께 드리는 절.
5) 여럿이 함께 울리는 큰절, 大同拜

그리고 눈알을

간밤에 비가 오고 맑은 아침거리
조선민족 대회 큰잔치 한바탕 열리는 연변

노랑저고리 다홍치마 반기는 마중에
서운히 배웅삼고 돌아가는 길인데

동글동글 몽근 구름이 총총히 일어
옛터에서 벌이는 오늘 굿판이

하늘에서도 시방 열리는가싶더니
어느 사이 뭉실뭉실 목화송이 구름밭이 되었네

만주족 옛서울 심양에서
개방바람에 좋은 일자리 맡은 우리 젊은이들이
우리 동포 팔만이 여기 살고 있다는 걸 잊지 말아 달라고

씨는 예서 받아야 하는 건데
여기서도 무엇이 되어 간다네

팔도의군 독립군에 얽힌 땅에
아마, 그 후손들이란 뜻이거니

작은 찻길만 터놓고 막아버린 원목실은 짐차에

밀려선 운전사들이 으레 그러려니
군말없이 기름을 나투어 준다

널브러진 풍토를 닮아서 그저 누그러운가
있을 것만 있네요 하던
한 아주머니 말이 생각난다

한고을 차려도 될 만한
명나라 때 임금 무덤들이 있는 곳

구경거리로 하나를 열어놓고
그 안에 크막하게 써놓기를

이걸 만드느라 궁중 살림 두해치 돈이 들고
집집마다 엿새반씩 일 나오니라 하니

누구 손가락 치장에 누구네 삼대를 바치니라
그런 셈 마침이 아니리

인공위성에서 그냥 눈에 띤다고 그게 자랑이 되는가
피땀 반 죽음이 반인데 하룻밤을 자도 만리장성 쌓는가

천안 삼거리 능수버들이 아니고
천안문 광장 어른님 초상에 누가 달걀을 던지느냐
노동자들 발길이 끊이지 않는다네

십몇억 인구가 어디 살고 있는지
구름하고 땅만 마냥 논다

머리구실 한다는 옛 서울 서안
쌀밥은 불면 날고 밀농사 국수를 좋아한다고

무슨 명절날 빚어 먹는 오목 볼록 만두를
뿌쓰 짜쓰라 한다며 슬그머니 웃는다

그대로 산이고
수은으로 채운 강이라는 무덤 그 속의 진시황도
황제에게 밀려간 치우도 동이족이라 하네
황제는 누구고

무등 타듯 오른 객기판에
모성이 어지러워 태교로 세우려던 태임
여성이 질펀히 피어버린 양귀비
그리고 순장을 모면한 어미궁인들
겁에 질린 땅

진시황 병마용 관람장 구석진 뒷공방에서
삼십대 두 어미네가 삼길을 막듯 누릇둥한 얼굴에
여학교 미술작품 같은 솜씨로 네 모자상을 빚는다
병마용 빚어묻은 바로 그 황토흙으로

상해에서 박달복숭아 두알 찬값에 산 것처럼
한값에 네 모자상 두틀을 샀네

인구를 주리려고 도시는 하나만
농촌은 둘만으로 모성을 전족하니

망명하는 젊은이들이
태인대로 낳고 싶어란다

용을 그리고 눈알 찍듯
삼신 찾아 모성이 살아나려는가

어느 나루턱 굴문 바위에
새긴 옛 그림같이
동굴 안에서 본 남녀 젊은이들
깊은 좌정에

숨결 긴 넋이야
하늘을 닮고

장백폭포 아래서 단둘이 만나
강원도가 고향이라며

용왕못 햇빛 받아
수십 수백 군데에서
샘솟는 걸 보셔야 하는데 하던

흑룡강성에서 온 큰아이 또래의 광부
그의 그 그리움은 땅끝을 갈고

열이틀 함께한 길에
계림 공항에서
탈없이 배웅하던

그 글성한 인정일랑
한세상에 살자

벗의 예순돌에

1
항아리 울음

멀리 돌아보면
길두고 모로온 한 만년세상
몸은 옷에 매이고

맛이요 멋이요 들린 버릇
집에 친 삼일레

한숨결 바람에도
앞서 살고간 사람들의
두고두고 못다할 이야기

움불암수 어긋난
길고 긴 넋나간 세월
얼을 뺀 탓일레

길벗은 치레짓 모두
제물에 쓸려 물러나고
이제 곧 새벽 동이 튼다네

솟고 담고 넘는
한굼부리 정갈한 땅물
어미에게 올리고

흐르는 물도 아껴 써야 한다 하던
어머니 할머니 내림을 물려

물결에 바람결에
산넘어 바다 건너

아기 하님
하님 어르신에 이르도록
오순도순 웅얼웅얼
다만 애띤 눈길
스스로운 몸짓이어라

누더기 걸치고 하루 몇집을 돌며
주린 창자 마르지나 말게 한술씩
안된끼니로 사는 중무리하님

외롭고 가난하고 늙고 병들고
만고 하늘아래 딱한 할매하나

그보고 혀를 차네
〈에그 딱하지〉

이리하여 조용히 일어나는 대자대비
한하나 한사랑

한시름 벗고 올라선
맨 뒤에 서는 앞자리

법주고 재받는다 할
마음도 사라진 부처
하님어르신

거룩한 사람 귀를 씻는가
조촐하니 옷갈아 입고
허리춤을 좀 주리는가

어미네 한 마당에
꽃 한 뿌리 심어라

〈흐르는 물도 아껴 써야 한다〉
삼신을 섬기던 우리 어머니들은 물을 위하고 살았다. 그것은 문자나 경전 이전의 체득으로 삶의 길이다.
1) 음불암수 : 陰陽牝雄
2) 굼부리 : 우묵불룩: 움불: 오목볼록: 凹凸: 암수
3) 아기하님 : 사명을 띠고 태어난 아이
4) 하님어르신 : 사명대로 사람노릇 하님 구실 스사롭게 다하고 고분하게
                늙은 어른 가운데 어르신
5) 귀를 씻는가 : 옛날 어느 임금이 禪讓하려고 누구에게 임금 자리좀 맡으
          라 하니 아니 들을 소리 들었다며 시냇물에 귀를 씻었다. 소
          가 지나다가 그 물을 먹으니 농부가 하는 말이 〈이놈, 소야 아
          무개 귀 씻은 물을 먹느냐〉 했다. 이 싱거운 얘기의 뜻을 그
          시절 함께 새김해 볼만하다. 시늉도 어렵겠지만

2
절미

삼가르고 땅엉기고 하늘 트이고
나고나고 그리고 사람 살고

삼는이 누구인가 몰라도
어느 먼 자리보다
맨 먼저라

삼신이여

곧은 넋 어미의 어미 할미는
옹근씨 어미에게 배어지라

하늘과 별과 바람과 물이 고룬
흙마디 여문 볕바른 자리
가리어 절터로 삼고

온누리 잠든 오밤
오직 삼신할미 마주하여

절말로 절하고 절하나니
그 땅 절미 검던이 검바위

하여, 태어난 아기하님
할미들 속떠본 세상 설아침

알몸 맨발로 자욱눈 밟고
절미에 올라
늘어진 낮잠 한나절

뚝심
땅심
지킴
오만년 훌쩍 벗은 한판 절일네

하늘땅 여닫는 회오리 일고
밀려드는 속불 피멍이 지고

물 속 깊이 잠긴 자취 없는 집터 논밭
대추 감나무 벽오동 대숲 할미꽃
뼈다지는 담금질일네

신할아비 준 이름
잘못 낮은 돌로 남을라

열다섯에 바로 하니
글이 아닌 빛 빛을 남기라
빛돌에 새긴 글 아닌 이름

서울 한복판
막, 빠져나온 땅 속 굴길목에
비스듬히 글보따리 들고서서

하늘보고 늘어지게 긴 하품
수염이 살더니

한둔산 난전 과일이나 담아 내라
주섬주섬 나무그릇 꾸리던
할미 같은 예순돌 설늙은이
여기 서성거리네

백두 한 줄기 하늘재 넘어
하늘불 밝달 아래

가야 지리 갈라 놓고 지레 두고
바치고 밀어 수분이 갈재 마이 솟굼

짓치고 구르며 구르미 한둔
한가닥 휘돌아 춤추듯
멎고 솟고 잠기고 용화 미륵

금강을 뒤로 만경을 앞에 바다를 끼고
오성 팔마 월명 칠성 연병
단숨에 터를 앉히니

밤이면 아흔아홉귀 쌀못
한눈에 별그림 펼칠
둥근 하늘

지질펀펀 두리뭉실
살짝 죄어 논 절꼭지라

흙과 바람과 넋이
한 빛 한물 한벝이 되어

허물 벗고
허울 벗고
울을 벗는다

1) 삼가르다 : 태허무극 무시무종 영원무궁 시간공간 宇洪宙荒　天玄地黃
　　　　　　만물인류 인생일체를 연줄 따로 갈라 내다
　　　　　　탯줄을 끊고 어미몸에서 따로 나다
　　　　　　삼다: 알바탕 밑거리 연줄을 만들어 가지고 무엇을 마름질
　　　　　　　　　하듯이 지어내다
2) 낯은돌 : 초명 碑(石 + 卑의)의 풀이
3) 글아닌빛 : 개명 斐(非 + 文)의 풀이
4) 빗돌에 ~ 이름 : 절미검던이에 선대의 신도비문을 썼는데 글보다도
　　　　　　　　　거기에 새겨있는 斐라는 이름의 의미를 강조
5) 하늘재 : 미륵세계사터에서 남쪽 하늘로 난 고개이름
6) 하늘불 밝달 : 天燈明月. 천등산 박달재
7) 가야 지리 ~　순룡 칠천리마침인 역룡 칠백리 힘내려고 바치기 위해 버팀
　　　　　　　대로 갈라 놓아 가야산. 밀기 위해 지렛대로 지레 두어 지
　　　　　　　리산.
8) 짓치고 구르며 ~　솟고 닫고 몸 쓰는 발다짐짓
9) 용화 미륵 : 새 세상(용화미륵세계)을 염원하여 붙인 익산 미륵산 이름
10) 오성 팔마 월명 칠성 ~ 인생적 天地照鷹적 삼을 빌어 붙인 산이름들.
11) 절꼭지 : 극진한 제배, 기도, 염선 자리, 지극한 치성 절자리.
12) 아흔아홉귀 : 아흔아홉 모퉁이 귀퉁이, 九十九方角. 여러 귀가 진 것
※ 쌀못 : 둑을 쌓아 만든 못, 堤池, 군산에 있는 쌀못방죽 米堤池

3
소종이라 답하다

이제부터라 덤이라 하니
그런가 하오

철을 넘어선
철이 드는 새철이 아니오

온길도 한번 돌아보고
갈길 한눈에 굽어 헤아리는
한고비 고개마루 아니오

그리 두드러지던 사자 걸음
들소 뚝심에 봉의 눈매
항아리 울음

구비구비 곰사겨
하느로이 온누리 바라보는
한얼 속 눈설미

어제와 오늘 그리고
새날을 감치고

산너머 바다 바다 건너 땅끝
두루 시치는 고분한 맵시
흰두루미 둥근 나래춤

활짝 깃을 펼치고 훨훨 날아
날개 접는 곳 푸새울
한 마을

이르는 곳마다 둥지를 틀지라
이 아니 그리하오

素宗.

1) 한마을 : 백두 한줄기에 실은 洪範세계 弘益인간 大同세상 태평 日月의 꿈 즉 나날이 새롭고 다달이 다르고 좋은 〈한우리 나달〉의 꿈이 이루어지는 대동마을 공동체
2) 푸새울 : 세상이 어지러운 말세에 保命 修己 念救 의 피난처로 감춰진 자그마한 분지 협곡을 이상으로 여겼다. 그런 곳으로 꼽은 곳이 속리산에 牛腹洞(소배실), 지리산에 靑鶴洞(푸새울), 계룡산에 靈地洞(신터골)이라 했다.
　속리산에 소배모냥으로 좀 퍼지고 기름진 땅이 있어 농사 짓고 자손을 보전하며, 속세를 떠나서도 단란한 세속 생활을 할 만한 데가 있고 지리산에 풀이 무성한 물골짜기가 있어 따뱅이도 하고 절식 수행하는 지혜로운 이인이 나와 지레 뜬 지름길처럼 지렛대로 새 세상을 열 것이라고 했다. 계룡산 어디 어딘가에 어느 사람들이 새벽 닭우는 소리를 듣고 용왕못을 찾아 알릴 것이라던가.
　모두 자연을 아끼고 물을 위하는 마을이다.

사람

우리 나이 몇인가
한해 두해 백년 고비도 저무네

부여 부소산 백마강 달밤
이제는 아닐네

조금따라 바다 숨쉬는 나성솔밭
금강 언덕

바퀴소리 등굽은 물고기
새들 날자리 없어도

마래방죽 갯내음 하늘빛 솔바람에
들풀이 일고

글꾼들 옻샘골
절터로 자리할네

한밤 눈덮인 벼랑 위 다북솔 밑
가슴 뚫고 들어앉은 꽃뱀

참, 업이 아닌가

대동강 한강 금강
세 섬이도 넉히 한몫 다할네

마흔둥이 외아들 여든에 앞세우고
아흔에 벌이 놓고
백살토록 집보기 몇해만 못다하니

바탕이 흙살인데

세상 쓸어 댓발짝밖에 띄워놓고
드디어 비로소 말미암아 바야흐로다
으식이가 부럽듯
땅덩이 단주먹에 부슨ㄴ 시늉
땅꺼지는 한숨

몸둘바 없이 부끄럽던
허리께가 찢길 듯 산이 무너내리고
살이 튀는 그해 막판

부산 언덕빼기 판잣집
난바다 거므녀에 눈길 주고

죽여야 한다면 죽고 말지
밤마다 유언이라고

지킴처럼 지닌 잠약 하나몫 나누고
거의 제돌을 자고 나더니

삼발선 눈 부숭한 얼굴로
처용이 만들고 모두 나누자던
바람 같은 사람

말좀 했으면 하더라
무슨 소리 효자지
그말 알만하이

구드래 흐르는 물살
물끄러미 바라보며

재주란 저 물거품 같은 게 아닐까
스스로 묻고 듣고

바닥 속결을 타던
작달한 몸 크넉한 얼

한사랑 한살림 한타령 본
싱싱한 눈 풋풋한 넋

사람이 보고싶다 보챈 사람
아닌 게 하도 많아
몹시도 군시러워 하더니

그립고 갈아엎는 일 말고는
안 살고싶다
몽당붓 하나로 일구고 씨 심더니

저녁노을 나무그늘 아래 서서
허물 벗는 모습은 쓸쓸해도
움자리 생각하던 사람

누구는 집에도 솔밭에도 이게 뭐람 하데만
사람이 어디 겉보기 허우대인가
자비요 자유요 줄 닿아 따라온 말동무려니

웃고 있네 그려

물 아래 친구는 이제 한갑
수염 길어
바다목쟁이 절미에 살네

정년 날받은 백두사람
백두가 되어 다녀가고

천지가 샌다고 압록이 마르나
지금도 벗들 모이면
갓스물도 되고 여든도 넘네

불잡고 바람재우고 시름 잠기고

목조르던 가파른 날
십년 나이든 골방 선방

담배나 한 대 피우고 가려네
해가 지는가 노을이 진다

장구동에서

장구통 같은 거북징이
움치지 않았구나

진달래 산에 흐드러지고
송사리 개울에 놀고
하늘에는 한조각 구름
그늘이 모덕사를 스친다

면암 최익현 천년 하나 꼽을
사람으로 살았나니
인술이 빠지랴 약도 걸었네
꾸미지 않아 좋다

나라 안 힘 뭉쳐 도둑 몰아 내려던
황간영동 의병 노응규
팔도의군부 임병찬
청병사절단 이재윤

그리고 나라 밖 팔도의군부 유인석
동도의병도 승낙 받고

모두 제자 아니면 스승처럼 따르는 동문 후배
그의 뜻 받드니
나라가 그를 두고 움직였구나

학문은 갈래를 넘어서고

일본에 보낸 선전포고문
독립선언서에 비길 만하더라

눈치빠른 일본군이 진위대를 앞세우니
동족끼리 불질 말라 싸움은 끝이 나고

의병들 치솟는 분통 순창 땅 발구르며
통곡 끝에 포로가 되니

늙은 몸이 대마도 포로살이
굶은 끝에 돌아가니라

유인석은 밤하늘 바라보다
떨어지는 별보며 어찌하랴 탄식하고
나라 걱정 잠못 이룬 사람은 알더라네

부산 상무사에서 영구를 받아 모시니
처음 있는 인민장

인민은 하늘이라 인군 인신보다 으뜸
아끼고 아끼더니

누구라 없이 흰 깃발 달아
조기를 울리고

상여가 김해에 이를 동안
농민 학생 중 기생 홀어미들까지

제수 조가 제문을 만들어
애도 절통하고

친일의 싹 틔우던 동경유학생도
빠짐없이 다 모여 추도가 부르며 비분을 달래고

지나는 고을 원들도 힘으로 가로막는 일병 앞에서
오늘을 이대로 넘기면 우리 가문은 끝막는다 몸부림치고

이리 되면 상여가 장구동 집에 이르기 전에
이땅에서 쫓겨날 게 뻔한 일본
기차로 모시도록 하라 어거지 쓰니

차라리 길가에 초분을 했다가 그날이 오는 날에 모실망정
그리는 못한다 하여

조객을 받지 말기로 그러기로 하니
좋아서 저들이 하는 말이
우리가 뜻대로 못한 건 이일뿐이라 하더란다

열흘만 거기서 상여를 멈추고 지키기만 했더라면 하는 것이
뒷날 못내 아쉬워 하는 사람들 말이라네
고인의 뜻도 참으로 그러했으리라

착하고 어진 겨레라 하던가

매천 황현은 일병들로 누렇게 뒤덮인 장례를 치루며
글로나 채우는 날제사이기에 사람마다 서로 슬픔을 도꿉니다
산에 올라 스승을 부르며 해설피 혼자 울었다네

큰선비 늙은 몸으로 의병하여 포로 되어 굶고 죽으니
구석구석 비추는 한낮의 햇살 오천태양 아니리
하여 세상이 그리 기린 줄 알았더니

어찌 한뼘 잣대로 바다를 재려 들던가

몸소 갈고 심고 가꾸고 거두고 나무하고 불지피고

해마다 힘든 칠궁 망태 메고 설굽은 스슥이삭 따는데
여보 가채리가 어디요 면암 선생 댁에 게슈

밭머리 저만치 중인 행색의 젊은이라

저기요 계신 것 같소 하고 먼저 질러 들어가
옷을 갈아 입고 손님을 맞으니

알면 짓적어 할라 마음 쓴 일이거니

스승이 장작 패는 걸 보고 대신 하려던 젊은 제자
결을 고나 찍을 줄 몰라서 저리 튀고 이리 찢기고
뻘뻘 땀을 흘리니

손수 술상 바쳐 내 잔을 권하고 부르튼 손바닥 어루만지며
나는 이골이 나서 힘들지 않고 쉽게 하는 일인 것을

사람마다 제잘하는 일이 있고 몸에 익을수록 수월하니
세상일도 그러하리라 하더라네

넘는가 흐르는가 스승의 길 사람의 길이어라

어버이 봉양하려고 가끔씩 냇가에서 고기를 낚더니
하루는 청평서 오는 젊은 선비가 여보 내좀 건늬어 주 하여
아무말 없이 업어 건느는데

머리를 보고서 아차 면암선생 등에 업혔구나
선비는 땅에 내리자마자 달아나더란다

발을 빼고 안 빼고에 따른 노릇이거니

아들이 살림을 맡고부터 장년의 일꾼을 두니
칠십 노인이 꼭 생원을 바치는데 그리 스사롭더라니

여느롭기 그지 없다

궁중 경옥고 고을 땔감으로 포천 가채리에
뽕나무 장작 바치라 하여

이제 굶어 죽게 되는구나 온 마을이 걱정하니
그래서는 안되지 하더라네

포천 장날 현감이 포졸을 풀어
가채리 장꾼을 모조리 끌어다 가두니

동현 뜰 아래 꿇고 앉아
내 탓이니 그들을 풀어 주고 나를 가두라 하여
모두 풀려나더니라

맨무리가 하늘 맨무리는 밥이 하늘이거니

포로가 되어 일본 헌병대에 이르렀을 때 마침
먼저 포로 되어 온 홍주의병들 상투를 자를 참이던 일병들이
저희끼리 면암이다 소리치고 가위를 버린 채 내닫더라니
그 기품을 어이 헤아리랴

저들조차 면암 같은 분이 하나만 더 있어도
조선 침략은 엄두도 못내리라 하더란다

임시정부 초라히 돌아오고 겨레의 앞날이 밝지 않을 무렵
나이 든 성재는 가마 타고 백범을 비롯 모두 걸어서

여기 장구동 모덕사에 환국고유제를 지내며
나라제사 드리기를 다짐하더니

전란 중 부산에서 환도한 입법부의장 해공은
환도고유제를 지내고

겨레역사의 무게가 실린 큰 얼
민족정기가 담긴 큰 그릇

의병군으로서 침략국 일본에
선전포고하고 싸우다
포로가 되어
굶어죽고
시호 추증 없고

재야운동 일호 午天太陽

할빈 역두의 안중근도 그 연원
모두 햇살처럼 퍼졌는데

뿌리 꼭지 들어 올리면
그릇된 백년 역사
쓸어 잡힌다

그것을 두려워 하는 것인가 민족문제 아니라던 젊은이
그대 잡은 실마리 어느 뿌리 가닥인가

살이 살로 남을 때 탈이 될 뿐
한울한알로 딱히 여길 때 햇살이 살이 되리라

의병길 떠나며 옷감 한 벌 손주며느리에게 주니
밤마다 집집마다 드리는 절옷이나 하라는 뜻이러니

후천곤도는 모성
몸으로 받는다

반야심경을 춘 춤꾼 팔년을 내리 대마도에 참사하고
기생 장비봉의 제문을 춤으로 엮는다네

선천에 멍든 마당
어미네 몸이 단다

건도는 바람
뒤도 없다

배돌면 알으리 봉황아 울어라

누이 마음
― 어느 국사학 교수에게 ―

아직도 뿌리 벋는 잘못된 묵은 역사
쓸어낼 일을 거들자는 모임자리
연구소장 모습이 나른한 듯 지친 듯 보인다

해쓱하니 눈빛만 살고 해소 숨결 남기고
평생 뜻 모다 이룬 채 돌아간
선생을 그리며 울먹이는 옆자리 광복회원

젊은 회원들 힘 다짐이 미덥다

서둘다 길목 잃은 땅속 전거리
절지 않으려 주먹 쥐고 헤매나와 동서남북 잡으려니
열케 넘는 높다락집 숲사이 남산 같은 분재분 하나
삼각산은 수석 받침이 더 크다

김밥으로 저녁 때운 막차 안에 혼자 앉아
내려가거던 회비 조막손 국사학 교수 오라버니
손좀 크도록 혼내주라고 당부하며
이름적어 주던 몇남매 어머니

그 누이의 마음 헤아리다
눈시울 붉히다 졸다

길나래비

나드리 갈바 없이 발길 닿은
덕산 큰절인데
어느니 알아보는지 숲속에 노니라네

조실일 듯 늙은 스님 절애기좀 듣자 하니
덮어두고 가르침을 받으란다

듣는 이 둘 바쳐 앉히고
스님은 땅바닥에 쪼그려 앉아

키넘는 지팡이 어깨에 걸치고
붓삼아 그리고 말하는 자리가 멋스러워
연꽃 미소 좋을 만 한데

마치고 일어 무엇이 알고픈지
어디 사는 누구냔다

명함 받아 팔 뻗어 읽어 보더니
갑자기 지팡이 흔들며
교수가 무얼 알고 박사가 뭣을 아느냐네

슬며시 타고 들어 누더기요 하니
누더기 좋지 하며 웃고

미륵처럼 서 있는 소종에게
덤비듯 물어 대네

긴건 거기 아닌 건 저기
자리는 여기라고

깬데 매여도 잡히는 거죠
나즉히 말한다

당신 깨였오 하는 물음엔 덤덤히
높은 데 이를수록
더 멀리 보이지 않나요 하고

이에 스님은 교수가 뭐여
박사가 뭣이여 중얼거린다

오방난전 구실아치 마련인 절문을 나와서
마음 당기는 대로 찾아든
널찍한 마당 들마루에

가지런히 놓인 상 한갓진 끝귀를 잡는데
어미네들이 줄줄이
돌층계 타고 올라 자리를 채운다

여덟씩 앉은 자리 둘이만 마주 앉아
앞머리가 되어 길나래비 마침이라

차분하게 점심을 마치고 나더니
노래꾼을 멀리서 부른 터라
좀 놀고자 하니 좋게 봐달라 하고는

무슨 춤인지 가락에 맞춰
어디로 가야 하느냐 따지듯

온갖 몸짓으로 다가들어
어미네 한마당 열을 할아비로
빈틈없이 몰아세우더라

돌아오는 길은
짐벗은 것처럼 가벼운데

소종은 무겁게 떠진 듯
깊은 잠에 빠진다

1) 길나래비 : 길날이, 길 안내자, 길잡이꾼, 길날 + 애비(夫-꾼),
    길날 + 이(者-人)
2) 오방난전 : 오방나한전

눈물

갈 것이이네 모두 버리고
산으로 들것이네

자네도 버리고 잠약 한봉지 들고
어디로 떠날 것이네
어머니만 돌아가시면

이게 고려장이지 뭔가

떠드리는 조석끼니 누워 받으며
너 참 효자다
빤히 쳐다보는 어머니 눈길

참인지 역정인지 모른다고
한진갑 늙은 외둥이
어리는 눈물

하냥 온 길벗 먼저 보내고
조마조마 돌아서 가는 길

마중이요 배웅으로
총총히 만난 원머리*에서

긴병에 섬길 길 없다지 않는가
탈 없이 백살을 살고
스사로이 가도 슬픔은 남는다네

술거나한 벗 어설프게
막차로 보내고

하늘만 구름만 쳐다본다

* 원머리 : 驛院의 院頭

삼내림

아른아른
퍼오르는 아지랑이
땅이 삼서는 입김

볕바람 별이슬 산에 들에
홀로로이 피는 꽃

빛내음 고루
한울이 삼서는 모습

기쁨이 감돌고
젊음이 일렁이고

할미네 몸으로 알아 이르네
부드러운 말 차분한 몸가짐

큰아이 어리둥절 해도
눈으로 물동이 가리키며

뜨는 것은 눕는데 곧서는 걸 보니
집안 가득 삼빛
네 삼이 서는 게다

다소곳이
달이 차고 간 뒤

어미네는 삼신을 받는구나
여기나니

이리하여
내림을 세운다

흑산도에

백두산에서 벼른 길을
벗따라 간다

열 달만인가

칠산바다
새벽

바다 건너 닭 우는 소리
들려온다는
맨 갓섬

매가섬 홍도

갓매기도 오밀조밀
야무지다

잔잔하기 놀바다
황해를 누비며

돛단배 나들던
동서남북

흐르는냥 마는냥 놀강 놀개
황포강(黃浦江)인가

뫼인 듯 만 듯
놀미 황산(黃山)

날등인가 들인가
놀등 황등(黃登) 일례

물길 따라
이르는 곳마다

자리잡고
이름을 다니

놀바다야
우리 안마당

갓에 걸린 가거섬
외흑산도를 지나며

거므녀 현해탄 너머
가고시마 가거섬

가거섬 가고시마
되뇌어 본다

가도 가도 가없이 진쪽빛 물띠
희뿌연 하늘띠
두르는 바다

나는 듯 뜨는 듯
가물가물 솟은 배 하나

흰물살 가르며
마주온다

십오년 귀양살이
한생을 마치고

자산어보(玆山魚譜) 남긴 정약전
얘기 듣던 뱃머리에서

바람에
손수건처럼
모자가 날아간다

흙살이 두터워
흑산도인가

굴이 많아 굼미섬
검뫼섬이 아니리

섬둘레 한바퀴 돌아
서해에 지는 해
등에 지고

해동갑에 다달은
옅으미 천촌(淺村)

굴뚝 연기에 입춘글
돋보이는
옴팡집

홀로 사는 안 노인이
혼잣말로
반긴다

- 영감이 살았으면 좋아할텐데 -

손바닥 바위
지장암에 한손을 짚고

예도 옛조선땅
한우리 나달이여

선양(禪讓)은 멀어 폭군필부(暴君匹夫)
버리고 따로나 차린
옛조선 강역

67

세상에 본세울
방벌(放伐)로 이룬
대명천지 태평일월

기봉강산(箕封江山)
홍무일월(洪武日月)
지장암(地藏庵) 앞에

바위에 글 새기는 짓
객적다던 머리가
절로 숙는다

기우는 나라를 붙들자고
도끼 상소에 귀양살이
면암선생 자취 밴 여기 이 바위를

평생 위하고 살다 간 영감이
못내 아쉽다고

속삭이듯 배웅하는
구십 노인의 곱은 허리에
땅검이 진다

1) 갓매기 : 자리 같은 걸 매고〈갓마무리 손질〉
2) 매가섬 : 홍도의 옛 이름이 무언가요 하고 물으니 매화 한그루 없는 梅佳鳥였답니다.

3) 가거섬 : 소흑산도 이름
4) 가고시마: 일본 큐슈 남단에 있는 鹿兒鳥(카고시마)
5) 놀미 黃山 : 論山(놀미)의 옛 고을 魯城의 진산으로 형세가 들머리에 나와 노는 마침이고, 또 하나 강경 황산대교 東端에 산이랄수도 아니랄수도 없을 만한 작은 바위산 童山이 강가에 논다. 이런 이름들은 물길에서 달았을 것이고 이름 부친 사람들이 익산 들 이룬 등성이 黃登, 물결 노는 黃海 그리고 흐르는 냥 마는냥인 黃浦江을 오가며 이름달았을 것으로 이어본 것이다.
6) 놀(黃): 放遊
7) 한우리 나달 : 우리땅 나날이 새롭고 다달이 다르고 마냥 좋은 시절.
8) 면암(최익현) 선생이 옆으미에서 귀양살이 할 적에, 손을 짚고 어루만지며 우리 겨레의 옛날 옛 강토 그리고 다른 나라와의 옛과 오늘의 관계를 깊이 생각하고 다가올 앞날이 걱정되어 간절한 염원을 箕封江山 洪武日月 여덟글자에 담아 새기고 指掌암(손바닥 바위)이라했다. 그 뜻의 알속만 주려본 것이다. 大同疆域 한민족의 날이고 달이어야 세계평화로 이어진다는 뜻이 있다.
9) 선양 : 가장 어질고 슬기로운 사람을 찾아 임금자리를 물려주는 것이다.
10) 홍무 : 홍범구장과 무왕의 방벌(내치다란 뜻 곧 혁명하는 것이다)
11) 폭군필부 : 以民爲天(인민을 하늘로 삼는다)의 길에서 벗어난 폭군은 필부 만도 못하므로 내쳐 마땅하다.

옛 보고 이제보니

마을은 우물을 두고 울을 이루고
울에 쎄여 일하며 노래요 한빛 되어 산다

실타레 풀어 담기듯 구기자나무 잔뿌리 뻗은
천년 바가지 샘터에 마디게 늘푸른 한그루 향나무
두고두고 새벽물 긷던 그네 아낀 마음이어라

마른 풀잎 하나 깃처럼 날라와 한우물에
고추 뜨기라도 하는 날엔 삼선다고
한식구 늘을 마을경사 지레 반기고

터 팔고 잡을 데가 잘 짚이지 않을 땐
물 뿌리듯 황토를 펴 한눈 팔아 삼길을 닦는다

이제 옛날을 돌아보니
묵은 등치에 새움이 돋네

기러기와 고무신

나라 잃고
멀미에 시달리던 때

천구백 십삼년
바위는 여섯 살

두리봉 뜨레바위아래
약막재에 사는데

처음 나온 고무신이
신고싶었다

짚신보다 질기고
물이 새지 않아

저지난 장부터
칭얼칭얼 홀어머니를 졸라

돈이 되면 사주마더니
지난 장도 그냥 넘겼다

돌아오는 장날에는
꼭 사달래야지 벼르고

나막신 짚신 신었다 벗었다
사뭇 떼를 쓰니

바위야
너만 신고 싶은 게 아니란다
이 어미도 신고 싶단다

마침내 우신다

어린 마음에도
어머니가 안쓰러워

주먹으로 눈물 훔치며
슬그머니 당산 놀이터로 갔다

백일 안 종신아들
팔 베워 뉜 채 돌아가신

아버지 그리는지

거그매 등지고 앉아
마른 풀잎 만지작 입에 물고

땟재모랭이 건너다보고
비홍산 쳐다보고
할미산 바라보고

먼 하늘에 팔락이는
가랑잎 하나에

빤짝 눈길 모두고
바람이 없는데 무얼까

난데 없이 까마귀떼
맷방석 만하게 엉기는데

큰 새 한 마리
선불 맞은 기러기

떨어지는가
바위 앞으로 내리 박힌다

덥치듯 끌어안고
우루루 몰려오는 아이들에게

내가 잡았다
내껏이다 소리친다

장터 옹기전 아주머니에게
어머니와 내 고무신

그리고 우리 엿잔치 할 만큼만
주세요 하니

기특하다며
선뜻 그리했다

고무신 받아놓고
어머니 눈물만 흘리시고

이야기 들은 사람마다
하늘이 준 것이라 했다

미운 다섯 살

아빠아빠 부르다 대답이 없자
야, 아무개 무엇이야
거침이 없다

놀라 쉬쉬하는 어미

너 무어라 했어
그제서야 맞대거리 하는 아비

눈을 부라린다

그럼 내가 먼저 잘못 했어
따지며 우는 미운 다섯 살 방울이

그래 그래 맞다 맞어
역성삼아 달래는 할매

그저 사랑워 웃는다

금새 풀어진 심술이
할머니를 응석으로 부르는데

우리 할머니여 하고 언니 구슬이

슬그머니 미운 일곱 살 샘을 부린다

왕할머니 내할머니 다녀오마더니
하늘나라 가 계시다고
남새 밭머리에 서서

방울구슬 둘이 함께
하늘에다 불러대니

그렇다 그렇게
마음에 살아 계신단다

제2부
혼잣말

문턱

이래저래 지쳐서 움막에 들어가
낮밤 없이 때도 놓고 잠을 자는데

먹고싶으면 잣 땅콩 들깨 콩 밤가루
손가는 대로 아무거나 한입 넣고 물 마시고

개밥은 불지펴 누룽지 끓이며
구수한 냄새에 젖기도 하기 며칠

해가 두어발 오를 즘에
두팔 뒤로 짚고
뜰마루에 걸터 앉은 채

스스로 너 무얼하느냐
가진 게 없구나
시계도 없이 살았구나
딱히 여겨 온몸 내려다 본 것뿐인데

어느덧 뉘엇뉘엇 지는 해
하루의 반이 간데 없다

가파른 산을 오르다가
문득 나는 듯 가벼운 발걸음에 놀라

이런 게 땅주름 잡는 것인가
산사람인가

날면 무얼하고 꺼진 들 무엇하랴만
길 가는 이에게 들으니
좀 벗어 본 문턱이고
더 들어가면 한 마당이 있다네

혼잣말

다녀 왔다죠
만났다죠
그리고 일렀다죠

통일하자고

모두 뜨겁게 반겼다죠
형 울지 않았어

형 아니면
우리 얼굴은 땟국

누가 미친 늙은이라 하는가

남더러 형이라 한일 없는데
왜이리 헤푼지 어려지는지

산꼭대기에 올라가
구름을 보고 강을 보고

앞을 보고 뒤를 보면
오늘밤 잠이 올라나

봉황닭이 한낮을 길게 운다

쓴약 한방울

무슨 낯으로
바로 보고
말을 하랴만

가만히 불러본다
겨레의 꽃
우리의 딸

세계의 젊은 눈망울
한자리 한마당 밝힌
환한 횃불이구나

마흔 몇해
묵은 속아리
쓴약 한방울 넘기듯
돌아오는 길

온몸 촛불되어
두근거리는 가슴
하늘의 소리

세상은 숨죽이고
이 땅은 너 하나로

가득하더라

속 여무는 옥살이
수퉁은 해도
반짝이는 햇별
길이 남아 빛나라

먼저여라

힘들다 지치는 날, 놓아주고 풀려나고 하고 싶은 인연들이
얼마나 많으랴 바로 이땅에
남의 힘 등에 지고 백년 하루같이
하나에서 오만 갈래로 누르고 뺏고 엮고 얽어
알기고 속여도 나름나름 겅둥거리며
눈만 멀뚱멀뚱 우리는 모른다
그리하여 아무리 발구르며 소리쳐도 낭떠러지
불끈 쥔 두 주먹 힘이 빠지고 어찌할 길 안 닿아서
마침내 몸을 내던져 사르는 막단길을 밟는구나
착하디 착하던 꽃다운 나이 뜨거운 가슴이
우리네 화상들은 말문을 닫고 마는가
몸속에 피가 도는데 언제까지 돌부처란 말이냐
할매가 나서라고 다그친다 지팡이 짚고
저승 가서는 받은 만큼 바쳐 주마 벼르는 아내가
부디 오는 세상은 그늘진 곳 없고 맺힌 것 다 풀어
하찮은 일도 없고 어려운 사람 없이 제발
어미와 아이의 자리가 먼저여라

한목소리로

천정 무너지고 구둘 꺼지는 소리
아무개 도당이다
대학 동산에 무슨기 올랐다

뭔가 하고 보니
남기
북기
통일기

남
북
통일 아닌가

아무리 빠듯한 경우기로
아닌 건 아니고 긴건 기지
이래서야 어디 말이 되는가

늙은이 젊은이
남자 여자
남북 예술인

우리의 소원은 통일

손잡고 목터지게 부른
세종문화회관 어딘가
서울 아닌가 엊그제 아닌가

나의 살던 고향처럼
아이들도 부르고
땅속에서도 부르는데

다 같이 부를 날은 언제인가
한가슴 한목소리로

별 하나 나 하나

밤하늘 바라보는 눈길
한데 모두어 마주 대어라
달아 땅덩이 저쪽도

간 날 올 날을 스치고 스칠
눈빛 하나까지 담아
실어 보내라 백천만억

누가 먼저 밟고 깃발을 꽂고
미리내 저편 또 그만큼 건너다닐
디딤돌 하나에 지나지 않는다 해도

그것은 바람짓
무엇이 달라질 게 없다

그리하여 우리 꼭 그러하고 그러고싶고
그래야겠다고 하는 일에 살고 지리니

언제 끝이 난다 할지라도
별 하나 나 하나 삼아라

어미로운 한울의 알바탕
여느로운 삼이여

바르셀로나

한누리 새 한철
언제고 한겨레 뭇이라더니

첫머리 따내고
끝머리 뽑고

한복판 한가운데
한 깃발이구나

열둘 다섯 열둘
모두 장하다

뭇꼽은 아들딸 힘더욱 내라
그대들 뜨거운 입김이
이를 실히 바쳤느니

있고없고 접어두고
아틀란타로 가야지

북쪽도 넷 건너 다섯

합이 열여서 다섯 열일곱
아직은 세계 다섯째다

배웅

한발 물러앉아 저녁인지 새벽인지 알지 못해
생일을 모른다 하니

용등을 탄꼴이라 나랏님 눈에 띄면 혼난다네
사람은 좋군 남의 슬픔에 아프고 기쁨을 즐기니–란다

배우다 겉넘고 가르치다 부끄럽고 장사하다 밑지고
농사짓다 병이 드니 글쓰다 죽을 것인가

두 벗의 명리를 유심히 살펴 본 한밭 한 노인
세분 겨레 위해 큰 일 하세요 배웅하던 한길가 문턱이
가끔 바랭이재만큼 멀리 보인다

다짐

종이 되려 하오
아니 받으면 천벌 받으리다

예순두돌 물리고
예순돌 한잔치 마치고

오붓이 마주한 저녁자리

한평생 걸은 길이
여기서 한길로 만나는구나

따라 가주지 하는 마음이더니
무엇이 트이듯 이제야 열린다고

절미에 서서
멀리 스스로 다지네

사흘만에 둘러 선 역머리에
그래도 아쉬운 게 남아 한다

약손

약손 우리 할미네는 삼눈 혀로 핥고
얼음배긴 발 얼쩍보다
더 차가운 콩주머니에 넣어
스사로이 얼음뿌리를 뽑아 내더라

내놓고
터놓고
들어놓고 얘기하자면

노골적
뼈를 들어 내고라

붉은 살속 하얀 뼈

천년만년 좀 많은 살을 발기고
엉긴 숨결인가

말은 넋덩이

길떠난 아들 탈없이 돌아오기 비는 어미네
삼신께 올리는 동이물만은 못해도

솜털같이 부드러운 속살이 말낱
헹구어 건지자면 도루 천년일까

곰나루

산따라 골지고 골따라 내 흐르고 내 따라 길나고
마을 이루고 이름이 붙는다

이름이 그 생김새 성질 특징을 따기는 땅이름도 마찬가지니
길이 세 갈래면 삼거리요 네 갈래 다섯 갈래면 네거리 오거리 이듯이
골이 갈라지면 가락골 가야실이요
산이 갈라지면 갈미 가야산

내는 갈라지면 흐름따라 아우내이고 빗겨 흐르면 빗기내 실꾸리처럼
구비구비 감아돌면 구리내 큰 물에 자주 넘치면 넘내이다

무주 진안 장수 수분이 갈재에서 몇백리 거슬러 온 금강이
열미산을 스치고 기역자로 한구비 휘돌아 바다로 흘러가는

굽은 목에 나루이니 곱나루로 이름하는 것이 마땅한데
곰나루라 하니 그 무슨 까닭이 담겨 있을까

단군이 나라 세운 이야기 비슷한 그 어설픈 곰이야기는
또 무슨 뜻을 지닐까

우리 겨레 가운데 물길 따라 일찍 이땅에 자리잡고 살던
겨레붙이가 그 이름 달아 놓은 임자일 것이다

물이 좋아서 물 가까이 살면서 물을 위하고
조개나 물고기 발 그물 낚시 작살로 잡고
배도 잘 만들고 잘 부렸을 것이다

말한 마한에 훨씬 앞서부터
살길 찾아 물길 뭍길로 옮겨 오는 겨레붙이를
맞아들여 섞이며 탈 없이 잘 살았을 것이다

이들 바깥마당은 먼 바다요
앞바다는 안마당
강이야 뜰마침이었으리라

언제 어디선가 쇠붙이를 다루고 농사지으며 짐승도 먹이고
하늘이 하님을 스스로 맡고 나온 환인의 아들 환웅이
하늘을 섬기는 환겨레붙이의 아비어르신이 되어

물을 위하고 사는 검겨레붙이의 어미어르신 웅녀와
산을 섬기고 나물 뿌리 열매와 사냥으로 사는 불겨레붙이
범부리어르신을 불러다가

검굴에 가두고 쑥하고 마늘인지 무릇인지 먹고
얼마동안 잘 생각해서 따르든지 말든지 하라 하더니

범쇠는 속불이 끓어 뛰쳐 나가고
  웅녀는 말 잘 듣는 착한 아낙으로
  단군의 어머니가 되더니라

  이 뒤로 환무리가 물물이 몰려와
  검던나무 신단수, 굿부리 구지봉 두레굿 두리봉이 골골마다 힘을 쓰고 이에 쌔이지 못하는 검무리는 물길따라 물물이 떼지어 바다를 건느니

  왜땅으로도 많이 가더니라

  그들이 남기고 간 자취를 땅 이름으로 더듬어 보면
  곰개 곰내 곰골 곰뫼 가마뫼 가므녀 거문섬 현해탄도 거므녀이고
  그 뒤로도 물 아래 구드래서 구다라 백제사람들
  줄줄이 무더기로 건너가니

  신단수 검던나무는 거기서 가미다나로 살더라

  암곰이 사내 사람을 붙들어 굴속에 가두고 살다가 새끼 셋을 낳고는
  믿거라 하고 내놓았더니 배 타고 달아나는지라 나룻가 벼랑에서 불러보고
  외쳐보다가 사내 마음 돌리려고 새끼 하나 물에 던지고 울부짖고 또 하나
  던지고 소리치고 하다가 자꾸 멀어져 가는 배를 향해 어미곰마저 뛰어들어
  빠져죽었다는 곰나루 곰 이야기

그 곰굴이 나루 북쪽 벼랑에 있는데 지금은 강바닥에 묻혔다
니 모를 일이고 곰굴이라 할만한 굴이 곰나루 둘래에는 여럿이
있다
열미 동쪽 아래턱에 하나하고 봉황 중턱에 하나 그리고 두리
봉 웃턱 동서남북으로 작고 큰 댓개의 굴이 있는데 그 가운데
동쪽에 있는 굴만이 서혈이라는 이름이 있고 물이 있다

곰이 물에 든다고 죽는가
살았을 것이다 지금도 살고 있을지 모른다

여기 이땅만 아니라
난질이든 살길 찾아든 곰길따라 건너간 저기 저 아마데라스
오미가미 곧 아미절쇠어미검 바로 봉황산 신당 어미무당 이야
기로 바꿔놓고 보면 그러하지 않을까 그리 새겨본다

얼마 멀지 않은 이야기다 저들 명치쩍인가 대정쩍인가
부산에서 건너간 명도 한 사람으로해서
일본이 온통 발칵한 일이 있다고 들었다

기막힌 그 알음알이에 놀란 어느 그로라 하는 학자
동경대학 교수가 명도회를 만들어 회장이 되고 곳곳에 지회
를 두니

대학생들이 회원이 되어 그 일에 빠져들어
대학이 문을 닫을 지경이라

마침내 명도를 데려다가 물리실험실에 넣고 실험을 해보니
명도소리는 잇소리더라 해서 겨우 수습했다니 말대로 그뿐일까

저들 신도 뿌리가 이땅이어서 잔뿌리 하나만 잡고 당겨도
크게 흔들리는 건 아닐는지

겨레 옮기던 큰 길목 고마나루
얼마나 많은 사연들이 사려 있으랴
어찌 곰이야기뿐이고 봉황산 어미무당 이야기만이겠는가

곰웅자를 써서 웅천곰내 웅진곰나루 웅주곰고을 웅티곰티이
더니 곰웅을 비단금으로 바꾸어 금강, 귀공으로 바꿔 공주요
점만 네 개 떼어 내고 능할능자 능티가 되니 많이 움친 이름들
이다

덤으로 한마디 더 하자면 봉황산은 그 오목볼록 어린 티로 보아
오누미 남매산이 좋은데 숫새암새 하다가 암수 한데 몰고
해지개일락산을 따로 하더니 일락은 일본이 진다는 뜻이라고
월락산이라 하니 지질이 뭉개진 이름이요

번개에서 딴 반포는 요즘 같으면 어머니 아버지가 쳐지는 말
이고
부친모친이 웃도는 말로 여기는 따위로 구겨진 아전쩨 이름
이다

이땅에 삼가르고 여기 사는 사람들 군살배긴 것처럼
움치고 구기고 뭉개진 넋나간 얼

땅심 짖는 건 아닌가 한다면 말쟁이 말이라 하겠지

겅둥대는 세월에도 우리 할먼네는 차분히 삼신을 섬기나니
석삼 귀신신 하는 그 삼신 말고 삼가르다삼 신할미신
어르신 하는 신 말이다

삼신은 한울 밖에도 가득하여 아무 때 아무데고 있나니
할미로 자리하여 집자리삼자리도 좋아하였나니

사람은 삼신의 하님이요 한울도 삼신의 하님이라
삼가고 삼갈 노릇 아닌가
곰나루 사연이 길다

그로라 하는 : 남이 알아주는, 객관적 인정을 받는, 내노라 제노라와 비교됨

알돌을 안친다

곤륜 천산 백두 태백 덕유 계룡
두리봉 서혈 아래 절터

빠듯 죄어 놓은 여기 이 자리에
한알돌을 묻어 안치고
삼돌로 삼는다

한울 한 살이 하님 마을

이슬 바람 솔솔
연줄 연줄 일어나

한 밤 별처럼 초롱초롱

먼바다 아침 햇살마냥
넘실넘실 번져라

1) 한알돌 : 한 살이 素卵石
2) 알돌 : 種卵石
3) 삼 : 자연과 인생, 消長, 生滅(생멸)의 宇宙的 因果, 변화하는 역사 문화 제도
4) 삼돌 : 자연과 인생을 위하고 새 삼을 열고자 하는 念石
5) 한 살이 : 大同생활, 한운동, 一生, 한사랑, 한살림, 한타령
6) 안치다 : 깨이거나 띄우거나 틔우거나 삭히거나 익히거나 세우거나
           하려고 터나 자리를 닦거나 잡다
7) 절터 : 祭拜壇 祈禱處 念禪臺로서 여문자리, 寺址, 삼신을 위한 자리
8) 이 자리: 웅진동 207-3 열댓평

제3부
매화타령

대로나

1
구임정승 신정승
신임정승 구정승

두 정승 불러놓고
부르고 대답 내기

벌주놀이 술판 벌인
임금 얘기에는

신인지 구인지
어이 아느냐 하고

무슨 가락이
어이 아느냐 하고

무슨 가락이
러므로 쩨냐 하니

그럼 대로나냐
마주 받아

서로 부쳐
부른 이름

2
여기저기
되는 대로 기웃거리다
들어 앉은 새울

이러구러 모신
어버이 산소 두고

누가 세상에 겁 없는 짓
욕심 큰 사람이라 하더니

난데 없이 옮겨 모시니
얼음 자리 미이라

3
러므로 가고
스물 몇해

한갑 지난
스므살 쩍 대로나

소연이라
풀어 낸 벗

한갑을 기다려
소종이라 답하니라

네소 이야기

소연은 소연스럽지 않아
그대로나

소종은 날로
소종다운데

소강은 마냥 흐르고
삼키듯 속으로 사뭇 흐르고

소명은 해와 달이라 노닐다
스스로 흔들며 지나간다

우리별 1호

오늘이 며칠인가
우리별이 하늘에 오르네

한밭 한 한울
젊은 학자들

과학기술 알맹이
찾아 들던가

저으면 젓는 대로
짓이 나는

그리하여 하늘에 별처럼
땅 위에 사람이 초롱초롱 살고

꿈인 듯이 아닌 것 쓸어 날리는
할아버지 부채
할머니 지팽이

뒷간

뒤보는 날
으례 생각나게 하는 게 있다

〈재래식 화장실〉이라고
포장한 뒷간

도시라면
호텔 화장실 하나는
됨직한 공간
토담벽

처자식 달고
고학하러 나간
두째가

이틀을 씨름하며
노닥노닥
발라 놓은 횟손 자국

그애들 모습이
어른어른 겹친다

동으로 가고자 한 아이는
서로 가고

이리로 오기를 바란 아이는
저리로 간다

세상이 바람 날리고
거슬리는 물살이 쓸어 흗는다

그러기로
할매의 땅이야 흔들리랴
느긋이 마음섶을 여민다

할매는

아이들 하나하나 내보내고
이아들 저딸 생각에
옛날을 사는 늙은이 둘

중풍 뒤치레
일 하나 거들지 못하는 할배 하나
손가락 마디 하나 잃고
바늘잡기 힘들어 하는 할매 하나

봄한철 어지러이 어울어진 벌떼소리
노란히 스민 검정갓 장다리 바심을 한다
투덕투덕 초여름 볕이 따가운 한낮에

달맞이꽃 씨만한 강모래 씨알이
한밤 하늘에 별보다도 더 많을라

속으로는 누구누구 몫지어
조금씩 나눌 약기름을 헤아린다 할매는

제모습

살다보니
이리 되었는데

달아난다
벗어난다
그리들 본다네

이래저래 제갈길로
세상은 가고

어물어물
비실비실 비켜 사는데

자다가도
제짓이 나서

두껍아
두껍아

꽃집을 짓는다

매화타령

반쯤 뉘어논 내 놈 속
말그레 들여다보니 거므스름하다

된 체 아닌 체 아는 체 모른 체
난 체 여문 체 이놈이 체꾼

겉치레 속치레 말치레 글치레
옷치레 입치레 저놈이 치레꾼

저울질 놀음질 속임질 훔침질
부채질 새김질 그놈이 질꾼

먹고 놀고 자고
골목쩍에 꼭지쇠 넋실려 두목 총독
대통령 아니면 추장임금 돈 주고 살라

이리 닫고 저리 몰리는 패거리
거룩이 눈치만 보고
죽어서는 염라대왕 밀어내고 앉을라

말품 팔다말고 글품 팔까 말고
안해본 일 별로 없다

그래도 한 자리 할라치면 침쟁이
사람보고 돈보고 없는 사람은 거저
그럼 그래야지

있는 사람 보약은 듬뿍
암 그래야지

그런데 들인 공하고 미천 아까워서
마구 걸터듬을라 이놈
있는 사람만 골라 모실라 저놈

어느날 깨어 일어보니 버러지
큰 치 여느치 모두 잔챙이 빈대라

진탕물탕 엄벙덤벙 언제 하늘이 맑더냐
받은 상 가로채 배불려도 삭이고
한다리 못끼어 안달이고

불구경하듯 비실대고
놀랍다 부러워 할 놈에다
하늘 뜻이라 솜이불 덥고 안방에 누울 놈이라

그놈이 저놈이고 저놈이 이놈이고
이놈이 내놈이니 너무 그리마오
이도저도 아닌 그저 그런 사람이라오

알고모를 일

제값은 제가 지는가
자중자애하는가

비싼 땅에 사는 사람 비싸고
비싼 터서 파는 물건 비싸고

미국땅하고
우리 남쪽땅 맞바꿔도
열에 일곱이라니

북쪽땅도 넣으면
열에 일곱쯤 웃돈을 받으려니

어깨 으쓱
배 한번 내밀어 볼까

서울나드리

일좀 보고 장국밥 한그릇 먹고
하루치기로 다녀오려고
산속 아침 서두르고

청주 나들이 빠른 길을 타는데
길은 달릴목 지를목 군데군데 바칠목

오가는 한 가르매
담치다 나무심다 금을 긋는다네

뒷자리 손님 하는 얘기 그냥 들으니
건돈 두어냥 발키다가 나라 살림 그르칠라

수원 나들이서 조금씩 굼뜨다 밀리더니
오는 길은 뜸한데 가는 길은 채인다

서울 나들목 붐비느니 들목
어느날만 그렇다네

파김치 다 되어 해설픈 원머리에 내려 서보니
길게 늘어선 차타기 줄머리 아득해서
기다리다 뜸드리다 지쳐

막국수 한그릇 먹고
동네서 사야 하는 담배 한갑에
되짚어 오면서 내 탓이오
하루 생활권 믿은 잘못이오
지구촌 만세더라

원머리 : 驛院의 驛頭, 院頭

길막고 물어봐

늙은 시인의 겨레 사랑을 미친 늙은이라 하다니
뿌리 잃은 본디 없는 말로 들리네

겨레의 꽃을 가두다니 세계의 젊은 가슴에다
찬물을 끼얹는 우악스런 짓으로 보이네

그리 감사나우면 편안히 양변기에 앉아
담배 한 대 피워 물고 곰곰이 생각해 보라

알송달송 가닥이 잡히지 않거던
단군 면암 백범에게 들을 일이다
석가 예수도 좋고

그래도 아니면 그대네 할아버지한테
경우를 알아 볼 일이네
도척이 이등이 안두희도 좋고

역사는 멀리 잡을 것도 없으리
하나가 되는 날 휴지로 넘겨질
한스러운 남북 역사는

그나마 후손만대를 경계하기 위한
기념비에 묻어 애써 남고자 할 일인가

들었으리라 을사오적으로 이름난
그래도 그나름으로는 그럴 듯한 한평생이던
한 사람의 무덤이

불과 반세기만에 조상에게 면목 없다고
자손들이 유골을 가루내어
강물에 뿌렸다는 기막힌 얘기

죽으면 그만이 아니구나

조상들을 통하여 나고 살고 돌아가는 길은
조상들이 죽고 간 길을 앞서거니 뒤서거니 따라서 가고
자손들 또한 이 길을 밟으리니

우리네 핏줄은 어머니 아버지를 똑같이 놓고 칠 때
아무리 멀어도 설흔촌을 넘지 않는다네

아무나 나이에 따라 아주머니 아저씨 누나 오빠
가깝게 부르는 것은 그래서라네

언제 어디서 누구하곤들 아니 만나랴
혼자 중얼거려 본다

송장배미

열몇해 전인가
우금티 동학혁명군위령탑이
세워질 무렵까지만 해도

논부치는 사람 해마다
술에 떡에 부치개 차려놓고
입속말로 고사를 지내더라네

무얼 하나 물으면
뱀이 많이 나와서 라고

속아는 사람은 다 아는 일
갑오년 난리를 생각한다

소가죽에다 밥짓더라는 새재고개마루
장꾼차림으로 스며들으려다
그 자리에서 잡혀 죽더라는 하고개 네 길목
이야기

나라는 기울어가고
얼간감투 설된 망건 약빠른 벙거지패
모질고 으뭉스럽고 능청맞은 왜군

일락산에서 일본이 지리라 하니
허겁지겁 민병들로 지키게 하고 월락이라 하라
해서 오늘에도 그리 아는이 많다네
산 밑 대학 노래 일락을 불러도

이제 또 어디 무얼 돕는다고 나서게 하다니
걱정은 아시아만이 아닐라

저들 천조대신 뿌리가 여기거늘
무슨 일로 범벅패지어 불질 잘한다 놀리듯 부추기며
하루종일 콩볶듯

견준산줄기 넘어드는 농민군
산이 덮이도록 쓰러뜨리란 말인가

우금티 못뚫고 한머리를 돌려 새재 한산소 박산소
감영 뒤 봉황산 너머 하우고개 곰내골로
곰나루쪽에서 짓쳐들다
마지막 꺾이고 아리랑고개 넘어 물러가던 날

물 아래 텃물받이 고라실 반달배미 이쁘네
구실 바치고 볏섬이나 남는데
물위 찬물받이 삿갓다랭이 착한네
구실아치에게 부대끼고 시달리다
할아비 철푸덕 주저앉아 팔뚝 걷어부치고
하늘에 삿대질하며

없는 놈은 승도 없는 줄 알어
무쇠가 달구면 뜬쇠여

맨무리가 하늘이어
맨무리는 밥이 하늘이고
너희들 밥만 먹이면 되는 것이어

아들 뒤 따르리라 맘 먹고 섭짝 문 한번 툭 차 보고
침 한번 크게 뱉고 나서더니

백두 대줄기 거슬러 몰아 계룡 모둔 힘으로
모들뜨기 힘써 말아구로 버티고 수리재에 언 열미를 대놓아
금강 한 구비 휘어두른 두리봉 날끝머리 우물배미
송장배미

맨머리 맨몸 부리듯 펴져 여기 그냥 누웠을지라도 모르리
아무렇게나 널려 포개졌을지도 몰라

금강아 곰나루야 굽어 꺾인 곱나루냐
검스런 말씀 지녀 고마나루냐

피처럼 고인 물속에 뭉개구름이 인다

서리어 뭉친 넋이여
구름 타고 흘러 흘러라

마침 지나던 사람 하나 길 멈추고
역사연구소장 한발 나서고

어르신 이고장에 사신지 오래인가요
나서부터요
그럼 이논을 아시겠네요
땅 부치는이헌테 제사받던 송장배미요
왜지요
동학쩍에 사람이 많이 죽어서라오

누구 밥 먹고 뒤본자리 쑥밭 묵은 터
기둥돌 기왓장은 천금이요
맨무리는 된일을 해도 자취를 남겨서는 안되는가

늘티 말티 삼거리 넓다리
곰티 봉옷재 날끝머리 용못

남혈하고 숨결을 튼다는
그리하여 용궁지나 하늘에 이른다는
맨무리 할미네 애틋한 절자리
쓰레박처럼 구박하고

돌 나무에도 이름패 잘도 달데만

맨무리 거운 설흔명이나 독립유공표창 받은
강 건너 석송정이 한길가
경지정리로 밀어낸
만세배미

한 해 몇섬이나 먹는가

아서나말어라 놓아나두어라
우리네 이땅에 산송장 널려도
솔밭은 남고 풀밭은 일어
뱃노래 산노래 들노래
솔바람 달빛에
풀잎 솔잎에 이슬로 살으리

나루엔 배도 사공도 다리도 없고
아우성만 쉰목소리 흐느끼듯 흐른다

1) 맨무리: 맨머리네들, 알머리네들, 감투 쓰지 않는 머리네들
   맨머리 - 민머리 - 민두(民頭)가 되었으니
   맨무리- 민무리 - 민중(民衆)이 된다
2) 무쇠가 달구면 뜬쇠 : 무른쇠를 달구면 강철이 되듯 물렁한 놈이 시달리
                   다 못해 뜬승이 나면 물불 안가린다는 뜻. 착한 사람
                   이 참다 못해 뜬승 나면 무섭다 같은 것,
3) 용못 : 우리 어먼네는 예로부터 물을 위하고 살았다. 널리 위하는 물이
         용못인데, 백두산 천지도 본디 이름이 용못, 용왕못이다.

| 해설 |

공주 동학농민혁명 자료 발굴과 해석에 헌신한 시인 구상회

김홍정 (소설가)

1. 구상회의 성장과 학문의 배경

  소연素然 구상회具尙會(음력 1930.3.15~양력 2010.8.20)는 1930년 공주시 의당면 도신리 사람이다. 조부로부터 한학을 공부했고, 중·고등학교 검정시험을 통해 단국대 사학과로 진학한 후 6·25전쟁 중 대전과 부산에 설치된 전시연합대학 2, 3학년을 다니고 단국대 사학과를 졸업했다. 대학재학 중 신동엽, 이상비 시인과 교유했다. 당시 신동엽(1930~1969)은 무정부주의자 크로포트킨의 '상호부조론'에, 이상비는 민족종교 증산도에 깊이 심취했고, 구상회는 노자 사상에 빠져 각각 자신의 관심사에 독서하고 토론했다. 이들은 평생 함께 공부하고 교유했다. 훗날 구상회는 졸업 후 공주여고, 강경여고, 서라벌대학 등에서 교편을 잡았으며, 신동엽은 주산농고, 명성여고 교사가 되었고 장편서사시『금강』을 썼다. 이상비(1932~2007)는 시인, 평론가로 원광대 교수가 되었고, 퇴직 후 한밝사상을 전하는 교주로 활동했다.
  구상회가 노자 사상에 몰입한 것은 그의 가문과 무관하지 않다. 구상회는 공주시 의당면 중흥리를 세거지世居地로 정한 능성 구씨 병사공파 구득원具得源 후손으로 그의 가문은 입향조 이후 학문과 절제를 실천했기 때문이다. 입향조 구득원은 정3품 첨지중추부사로서 무관이었다. 광해군이 인목대비를 폐위하자 입신을 위한 뜻을 접고 공주로 내려왔다. 같은 시기 인목대비

폐비 사건에 반대하여 공주로 내려온 류충걸의 처가가 구득원의 가문이다. 류충걸은 인조반정 후 조정으로 진출하였으나 구득원은 은둔 처사로 근신하고 조정에 나가지 않았고 증직으로 호조참판에 이른다. 훗날 그의 후손들이 조정과 학계에 진출하여 명문가를 이루었다. 공주박물관이 보관하는 병사공파 종가 자료들을 보면 교지와 함경도 함흥의 〈함흥읍도〉가 있는데 구득원의 후손 구식(具侙 1680-1754)과 구재중(具載重 1770-1832)이 각각 함경도 회령도호부사(會寧都護府使), 장진도호부사(長津都護府使)로 근무한 것과 무관하지 않다.

구상회는 노자 '제4장 무원(无源) 편'을 평생의 화두로 삼았다. 통상 노자를 공부하는 이들의 해석과 다르나 인용문은 구상회의 해석에 따랐다.

「길은 비고 쓰이는 것이라 혹 차지 않는가 하니 깊기도 하구나 만물의 뿌리처럼 그 뾰족함이 잘리고 그 얽힘이 풀리며 그 빛 녹아 그 본지 한 가지니 맑기도 하구나 마치 혹 있는가 할 만큼 누구의 아들인지 우리가 몰라도 한울님보다 앞선 모습이어라」[1]

(第4章 无源. 道沖而用之 或不盈 淵兮 似萬物之宗 挫其銳 解其紛 和其光 同其塵 湛兮 似或存 吾不知誰之子 象帝之先)

구상회는 공주에 살면서 노자의 가르침을 실천하며 살고자 했다. 이로움과 편함을 멀리하고자 했고, 염치를 생각하고 세상의 떳떳한 이치를 궁구하고자 했다. 부여로 찾아가 만난 전주사범학교 학생 신동엽과 교유하며 하늘의 이치와 땅의 섭리, 인본의 도리를 토론했다. 불평등한 사회구조를 벗어나 물자와 용역의 무상 분배와 이익의 공유를 주장하는 러시아의 자유주의 철

---

[1] 이 해석은 구상회가 아들에게 남긴 〈말로 푼 노자도덕경〉에서 인용함

학자 페트로비치 크로포트킨(1842~1921)의 이론은 구상회와 신동엽의 화두가 되었다. 구상회와 신동엽은 이를 행동으로 실천하여 교사와 청년운동에 참여했으며, 수시로 공주와 부여에서 만나 문학청년들의 모임 '야화(들불)'를 꾸린다.

이 시기 신동엽과 구상회는 사찰계 형사의 요주의 인물로 집중되어 감시받게 된다. 당시 부여경찰서 사찰계 형사이던 노문盧文이 남긴 기록이다.

「1948~1949년 무렵, 신동엽은 좌경학생운동단체에 가담했던 연고로 전주사범학교를 퇴학당하고 고향으로 돌아와 있었다.…」

부여읍 소재 신동엽문학관 외벽에 누군가에 쫓기거나 숨어 엿보는 형식을 담은 조형물 「쉿! 저기 신동엽이 있다」가 설치되어 있다. 이 시기 신동엽의 활동을 암시하는 모습이다. 본디 조각가 구본주가 87항쟁 시기 시위에 나선 넥타이부대의 위기감을 표현한 「위기의식」이란 제목의 작품인데, 그 의미에 공감하여 신동엽 사후 50년에 옮긴 작품이다.

스무 살이 되기 전, 신동엽은 이미 구상회와 교류하고 있었고, 구상회 가족의 회고에 따르면 그 시기 신동엽은 공주시 의당면 구상회의 집에서 여러 날씩 머물고 함께 공부했으며 그들이 함께 단국대 사학과에서 공부하게 된 배경이 되기도 했다.

1950년 6·25전쟁은 이 청년들에게 피할 수 없는 운명적 격동의 시기다. 물론 구상회와 신동엽은 전시 대학생으로 징집을 피할 수 있었다. 입대하지 않은 그들은 새로운 환경에 처하게 된다. 1950년 7월 금강지역 전투에서 승리한 인민군은 공주를 거쳐 부여, 논산, 익산, 전주로 진군한다. 인민군은 점령지의 청년들을 모아 지역 치안과 사상 교육을 담당할 청년동맹을 결성하게 한다. 부여에서 청년운동을 하던 신동엽은 인민군이 진주하자 부여민주청년동맹에 가담하여 선전선동부장으로 활동했다. 인천상륙작전의 성공으로 인민군이 달아나게 되자 신동엽은 부여를 벗어나 1달 정도 빨치산 대열에 동참했다. 이후 빨치산 대열에서 이탈했고 국군이 서울을 탈환한 이후

대학으로 돌아갔지만 좌익활동을 한 지식인으로 몰리게 된다. 부득이 1950년 국민방위군으로 지원하지만 1951.4.30. 국민방위군 해체로 귀향하게 된다. 이 시기 구상회도 자원입대하여 복무하다가 의가사 조치를 받아 귀향하게 된다. 전쟁이 끝나고 신동엽은 공군학도간부후보생에 지원 합격했으나 임관되지 못하고 귀가 조치된다.

구상회는 국어교사로 공주여고, 강경여고에 근무했고, 서라벌대학 문학을 강의한 바 있으며 명성여고에 근무하던 신동엽과의 우정은 계속되었다. 구상회의 관심은 오로지 신동엽, 노문, 이상비 등과의 문학적 교류와 창작 활동에 있었고, 특히 신동엽과는 동학 답사 기행에 많은 시간을 보냈다. 구상회의 가족과 신동엽의 가족들도 서로 왕래했으나 1969년 신동엽이 사망하자 잠시 단절되었다. 이 시기 구상회 홀로 공주 동학 전투 지역 답사와 채록은 구상회의 고독한 시간을 달래는 방편이었다.

구상회는 1972년 교직을 그만두고 개인사업에 전념했다. 서울에서 금융업과 전자기기상을 했고, 공주로 내려와 섬유공장 경영, 전문식당 경영, 보령 성주탄광 사업, 자연농원 등을 경영했다. 신동엽의 부친은 노년에 이르러서도 구상회의 농원을 수시로 찾아왔다.

2. 구상회의 동학 답사 기행

가. 구상회의 시에 반영된 동학농민혁명 전투를 보는 시각

구상회가 공주에 살면서 집안의 가풍과는 결이 다른 동학농민혁명 연구에 몰두하게 된 이유를 바로 찾기는 쉽지 않다. 그와 함께 동학 답사 기행에 참가했던 이들의 말과 글에서도 뚜렷한 이유가 드러난 것은 없다. 다만 그가 남긴 시에서 동학군을 의병들의 한 모습으로 노래한 것으로 미루어 본다

면 동학 연구는 의리와 자긍심을 지키려는 가풍과 무관하지 않다고 볼 수 있다.

구상회는 하늘이 내려준 세상에 사는 사람들이 잊지 말고 지켜야 할 덕목을 '세만지'로 정한다.

(전략)
지나는 길손이
중얼중얼
〈삼만지〉 명당이란다

바람 물 맛 좋고
땅 집 사람 모두다
〈인지 만지〉해서

그냥 살 곳이라 여겨
하는 말이라네
(하략) (「세만지」 부분)

삼만지는 땅, 집, 사람을 지칭한다. 그런데 이 '삼만지'의 주인인 두 사람을 되살린다. 시적 자아와 다른 한 사람은 나이 사십에 타계한 신동엽이다. 구상회는 평생 신동엽을 잊지 않고 그와 거닐던 우금티 동학의 흔적과 우금티 싸움이 남긴 상처를 찾아다녔다. 그리고 그 우금티 싸움의 흔적에서 동학군의 모습을 찾아냈고 동학군이 남긴 절규를 시로 남겨 기억하고자 했다.

(전략)
할아비 철푸덕 주저앉아 팔뚝 걷어부치고

하늘에 삿대질하며
없는 놈은 승도 없는 줄 알어
무쇠가 달구면 뜬쇠여

맨무리가 하늘이어
맨무리는 밥이 하늘이고
너희들 밥만 먹이면 되는 것이여

(하략) (「송장배미」 부분)

　철퍼덕 주저앉을 수밖에 없는 현실에 주저앉지 않고 벌떡 일어나 싸움터로 선뜻 나선 이들, 무쇠를 달구어 뜬쇠로 창칼로 벼리고 밥이 하늘이라 외치며 살고 싶은 절규로 나선 이들, 그들이 어떤 사람들인지 고민해야 한다. 구상회가 절규하는 시 속의 동학군은 고통을 견디고 살기 위해 자식들 밥을 챙기는 소박한 백성들이고 분노하는 민중으로 모두 영웅이 된다.

　이들은 구상회의 의식 속에 남아 있던 조선 의병들과 다르지 않다. 구상회가 남긴 다른 138행의 장시 「장구동에서」에 등장하는 인물들, 황간영동 노응규, 팔도의군부 유인석, 임병찬, 청병사절단 이재윤, 매천 황현 등은 모두 청양군 목면 장구마을 모덕사에 봉헌한 조선 유림 최익현의 죽음과 직간접으로 연계된 의병들이다. 대마도에서 죽은 최익현을 장사 지내기 위해 몰린 농민, 일본 유학생, 조선 학생, 기생, 시신이 지나는 고을 수령, 제자, 장꾼들 모두가 구상회의 의식 속에서는 「송장배미」 싸움을 위해 나선 이들과 다를 것이 없는 이들이다. 이들은 백두 천지와 한라 백록의 삼신, 용왕, 한울님의 계시로 세운 나라의 백성들로 '말을 삭이고 살을 녹여/ 기쁨 슬픔 한마음 나누고/ 아닌 일 치레 짓에/ 아무도 진 빠지는 일 없이 하소서//섬기고 따르리니/ 일어지이다 절하나이다'('하늘못 절말」 부분) 비는 이들이다.

　구상회의 「송장배미」에 담긴 농민군들에 대한 연민과 서정, 분노 등은 그

간의 역사 속에서 나타난 조선 민중 저항의 또 다른 실체라고 봐야 한다. 구상회는 동학군을 조선 의병의 하나로 보았고, 공주 우금티전투에서 그 의병들이 몰살한 것을 연민하고 분노하여 평생을 답사에 나서서 남은 기록을 찾고 잊지 않으려 한 것은 아닌가 한다.

근래에 이르러 동학 관련 전공자들이 늘어나면서 동학의 교리와 실체를 중심으로 접근하는 동학 교리 연구자들과 역사적 사실을 근거로 동학이 지닌 의미와 가치를 연구하는 역사학자, 동학농민혁명전쟁이 일어난 곳을 중심으로 탐사 활동을 하고 문화적 가치를 따지는 문화론자 등 여러 갈래로 나눌 수 있는데, 구상회는 동학농민혁명전투가 벌어진 현장을 찾고 시로 극화하는 역할을 한 것으로 볼 수 있다.

구상회는 동학교도라는 어떤 증거도 없으니 미루어 짐작해도 동학교인이 아닌 것은 틀림없다. 오히려 노자의 도덕경을 중시하고 단군으로부터 현재의 분단 조국 현실을 걱정하는 민족주의자로서의 면모가 강하다고 할 수 있다. 이런 의식으로 구상회 가문이 견지한 민족주의 가풍에서 기인한다. 구상회의 장조카는 최익현의 현손 최창규의 여동생과 혼인한다.

구상회를 공주의 향토사학자로 보는 이들이 많다. 이는 구상회가 동학이론 연구보다는 현장답사와 실제를 기록하는 채록자 역할을 중시했기 때문이다. 이러한 구상회의 현장 채록을 중시하는 활동은 신동엽과의 문학동인 활동과 동학 전투 지역에 대한 답사 기행과 토론으로 이어져 신동엽의 장편 서사시 『금강』이 탄생하는 계기가 되었음을 간과해서는 아니 될 것이다.

　나. 구상회가 남긴 동학농민혁명 전투 자료와 의미

구상회가 남긴 자료 중에 그가 동학의 교리를 해석하거나 주문으로 외거나 노래한 기록을 찾을 수 없다. 다만 공주 우금티기념사업회에서 인정하는 자료들이 몇 가지 있다.

첫째자료 : 〈우금티 동학농민전쟁 100주년 기념사업회〉가 발간한 『숨 쉬는 우금티 동학농민전쟁 전적지 안내』 책자의 「공주에서 동학군과의 싸움-공산초비기公山剿匪記(1894.10.24.~11.9)를 중심으로」 번역본이 부록으로 실려있다. 이 글은 이인, 효포, 우금티 싸움을 중심으로 동학군토벌관군 좌선봉장 이규태의 전투일기를 요약한 기록이다.

둘째자료 : 관군 경리청 장교 백낙완이 동학 관련 전투를 개인적으로 기록한 『남정록』을 번역한 문건이다.

셋째자료 : 구상회가 공주 우금티전투와 관련된 지역을 답사하고 그 피해와 관련 사실들을 채록한 기록이다.

구상회가 동학농민혁명 전투와 관련한 자료에서 가장 중시했던 것은 현장을 실사하여 주민들로부터 증언을 듣고 기록으로 남기는 방식이다. 이와 같은 방식의 현장실사는 실제 크게 두 단계로 구분할 수 있는데 1993년 공주동학기념사업회 결성 전과 후로 나눌 수 있다.

1993년 이전의 동학농민혁명 연구는 연구실 안에서의 사료 중심이거나 교리 중심의 연구가 대부분이었다. 구상회는 이런 연구 풍토에서 벗어나 현장 탐사와 실사를 중시했으나 동참하는 이들이 아주 적었다. 1993년 이후 구상회의 연구 방식에 동조하는 연구자, 답사자들이 늘어났다. 구상회를 자주 찾아온 이들 중 민족사학자 이이화, 우윤 씨가 대표적이다. 특히 우윤은 『전봉준과 동학농민전쟁』(창작과비평사. 1993)의 저자로 관심이 컸다. 구상회의 답사에 동참한 이들은 연구자부터 행정 관계자, 학생, 시민 등 다양하다. 이들 중 문화원 관계자들이 많았다. 천안 이원표(작고), 예산 이상재(작고), 서천 박수환, 정읍 최현식, 고창 이기화, 김제 최순식(작고), 장흥 강수의, 진주 김범수(작고) 등이다.

구상회의 노년까지 동학 답사 학습의 동참자는 정선원 박사(원광대)다. 정선원은 공주사대 역사교육과 출신으로 공주우금티기념사업회 사무국장을 역임하고 실무를 맡았던 연구자로 원광대 박맹수 교수와 『공주와 동학농민혁명』(모시는사람들. 2015) 공동저자다.

위 책에서 정선원이 채록한 '육성으로 듣는 공주와 우금티의 동학 이야기' 사례연구는 구상회의 지도를 받은 경험을 바탕으로 정리한 자료라고 정선원은 증언한다. 정선원은 구술자료 중심의 증언 문학에서 가장 기초적인 방법인 답사지역의 주민들과 터놓고 이야기를 주고받는 능숙한 화술과 지역 노인들의 이야기를 정성껏 듣고 기록하는 진실성 등을 구상회에게 배웠다고 말한다. 구상회는 자신이 지니고 있던 채록조차 정선원에게 내주고 연구 활동에 참고하도록 조치했다. 필자는 이 글을 집필하며 정선원이 챙긴 자료가 도움이 컸음을 밝힌다.

3. 구상회의 문학동인 활동 〈야화〉와 〈공주문인협회〉

구상회의 유작들은 공주문인협회 기관지《공주문학》에 실린 시들을 제외하고 지면에 발표된 것은 찾기 어렵다. 다행히 이 단평을 쓰기 전에 구상회의 가족으로부터 구상회의 유고시집을 내고 싶다는 뜻을 전해 들은 바 있어 가족에게 연락하여 초고 모음집을 받았다. 부득이 구상회의 문학 활동은 겉으로 드러난 내용과 미발표 유고시집 『하늘못 절길-天池祭行』에 실린 47편의 시들을 중심으로 분석하려 한다.

가. 시 동인지 〈야화〉와 신동엽, 구상회 그리고 노문

시 동인 〈야화(들꽃)〉의 참여자는 구상회, 신동엽, 노문, 이상비이다. 이들 중 구상회와 신동엽은 10대 후반에도 교류한 친구였고, 이상비는 전시연합대학에서 만났으며 노문은 신동엽과 구상회를 감시 사찰했던 부여경찰서 소속 경찰관이었다. 노문은 1950년 7월 인민군 복무 중 탈출하여 군 복무 대

신 지리산 공비 토벌 전투경찰대로 들어갔다가 부여경찰서로 전속되어 사찰 업무 형사로 근무했다. 그는 공교롭게 인민위원회에 개입했던 신동엽을 사찰했으며, 신동엽과 자주 어울리는 구상회를 의심하여 인민군과의 연계성을 알아내려 했다. 특히 신동엽과 구상회가 '미스 O'로 불리던 한 여인을 두고 벌인 사건의 진상을 파악하던 중 자신의 오류를 발견하게 된다. 그 후 서로 친구가 되어 시 동인 〈야화〉 활동을 했고, 경찰관을 그만두고 학교 교사로 근무한 사람이다. 노문의 에세이 「석림 신동엽 실전 연보」[2]가 신동엽 사후 50주기 행사에서 공개되었다.

「1950.7.10.부터…석림(신동엽)은 부여군인민위원회 선전선동부에서 일했으며, 주로 마을 순회 강연을 많이 했다고 한다. 민주청년동맹도 모두 함께 있었다. … 1950년 9월 하순 중부 전선이 차단되자 그는 부여군보위부, 부여군인민위원회를 따라 후퇴하였는데…공주 상월면 계룡산을 거쳐서 대둔산 루트를 따라 남하했다. … 대둔산을 거쳐 지리산으로 이동하던 중 덕유산 부근에 이르러 부대를 이탈하여…이 과정에서…빨치산들과는 얼마간 함께 생활할 수 있었을 것이다.」

새로운 증언이었다. 신동엽이 선전선동부에서 일한 것은 부여 사람들에겐 알려진 사실이나 그가 대둔산 루트를 따라 덕유산 부대에 합류한 사실은 근거가 없고 밝혀진 바가 없었다. 노문이 밝힌 대둔산 루트는 충남도당 남충렬 위원장이 이끄는 빨치산 이동 경로로 대둔산에서 전북 완주를 거쳐 덕유산으로 합류하고, 최종 지리산에 이르는 산악로다. 충남도당 빨치산 루트에 참가한 남충렬 부대는 1000명 정도가 가담했으며 산세가 약하고 먹을 것도 없는 빈약한 형편으로 '도토리 부대'로 불리었다. 신동엽은 부여 민주청년동맹원들과 이 루트를 따라 이동하다가 체력을 감당하지 못하고 대열에

---

2) 노문 「石林 신동엽 失傳 年譜」(『신동엽 산문전집』 창비. 2019)

서 이탈한 것으로 짐작한다. 논란이 일었다. 이 루트로 참여한 대원의 진술이나 경찰 보고 자료 등 구체적인 내용이 남아 있지 않기 때문이다.

이런 상황이 되자 부인 인병선이 나섰다. 신동엽으로부터 1달 정도 산에 있었다는 말을 들은 적이 있다고 하자 논란은 가라앉았다. 같은 글 속의 다른 이야기다.

「부산에서 귀향할 때 석림은 구상회의 부탁으로 〈미쓰 O〉를 부여로 데리고 왔다. 그의 집에 기거케 하였는데 그녀는 석림의 집 뒤 다방에서 일하게 되었다. … 어찌 된 일인지 미쓰 O의 허위제보로 형사들이 석림네 집에서 여러 날 잠복 감시하느라고 헛고생만 하였다는 촌극도 있었다. 이 일은 내가 사찰계 형사들에게 직접 들은 이야기다. … 간첩이 접선하러 온다는 허위정보였다는 게다. … 〈미쓰 O〉는 떠났고 이 일은 미스터리로 남았다.」

노문은 자신이 사찰한 결과 구상회와 신동엽은 더 이상 좌익으로 의심할 여지가 없음을 알고 친구로서 교유했다. 그들은 〈들꽃〉 동인으로 함께 시와 산문을 읽고 쓰는 활동을 하며 깊은 신뢰를 쌓았다. 그들은 수시로 모였고, 사진을 찍어 기록으로 남겼다. 훗날 노문은 경찰을 떠나 학교로 직장을 옮겨 서울에서 근무했다. 구상회는 그에게 아들 주례를 부탁할 정도로 가깝게 지냈다.

(전략)
구드래 흐르는 물살
물끄럼히 바라보며

재주란 저 물거품 같은게 아닐까
스스로 묻고 듣고

바닥 속결을 타던
작달한 몸 크넉한 얼

한사랑 한살림 한타령 본
싱싱한 눈 풋풋한 넋

사람이 보고싶다 보챈 사람

아닌게 하도 많아
몹시도 군시러워 하더니

그립고 갈아엎는 일 말고는
안 살고 싶다
몽당붓 하나로 일구고 씨 심더니
(중략)
웃고 있네 그려
(하략) (「사람」 부분)

구상회는 40세 나이로 먼저 떠난 젊은 시절의 친구 신동엽을 그리워하여 회갑 되던 해 시로 남겼고 기회가 될 때마다 신동엽을 불러냈다.

조재훈의 뒤를 이어 공주 우금티기념사업회 회장을 맡은 구상회는 1996년 8월 7일 우리굿놀이패 〈우금티〉의 광복 50돌 기념 공연 장소에서 축하 연설했다. 공연 장소는 곰나루이고 놀이패가 〈우금티〉이니 구상회는 신명으로 들뜬 목소리로 외쳤다.

「수난의 우리 역사 속에서 우금티는 외침에 항거한 동학농민전쟁의 상징적

땅으로써 국가지정 사적지이기도 합니다. "반외세 보국안민"의 기치를 들고 싸운 농민전쟁을 주제로 한 서사시 『금강』의 시인은 통일을 주제로 쓴 "동학년 곰나루의 그 아우성만 남고 껍데기는 가라" 외쳤습니다. 곰나루와 우금티에 새움이 돋는 듯이 우리의 평화통일 염원이 이루어지기를 함께 기원하면서 당대의 지성으로 꼽던 한 시인의 「우리들의 팔월로 돌아가자」의 첫 대목을 생각나는 대로 인용해 보겠습니다.

'들과 거리 바다와 기업도/ 모두 다 바치어 새 나라 세워가리라-/ 한낱 벌거숭이로 돌아가 이 나라 주춧돌 고이는/ 다만 쪼약돌이고져 원하던/ 오 우리들의 팔월로 돌아가자'

무슨 말을 더하겠습니까. 평화통일의 주춧돌 고이는 조약돌이 되기를 바라고 다짐할 뿐입니다.」

구상회가 인용한 시는 김기림 시인이 1946년 발표한 시다. 좌우익의 극심한 이념대립이 심화하는 시기에 우리 민족의 염원인 조국 광복을 위해 한마음 한뜻이던 그날로 돌아가 새 나라를 세우자는 희생과 헌신을 간절하게 노래한 시다. 이는 신동엽의 시 「껍데기는 가라」에서 '아사달 아사녀가/ 중립(中立)의 초례청 앞에 서서/ 부끄럼 치내며/ 맞절할지니// 껍데기는 가라/ 한라에서 백두까지/ 향그런 흙가슴만 남고/ 그 모오든 쇠붙이는 가라'고 노래한 것과 다를 것이 없다.

천정 무너지고 구둘 꺼지는 소리
아무게 도당이다
대학동산에 무슨기 올랐다

뭔가 하고 보니
남기
북기

통일기
남
북
통일 아닌가

아무리 빠듯한 경우기로
아닌 건 아니고 긴 건 기지
이래서야 어디 말이 되는가

늙은이 젊은이
남자 여자
남북 예술인

우리의 소원은 통일
(하랴)　(「한목소리로」 부분)

장백산마루 구름 속에서
천지를 가린 구름 속에서

한굼부리 검바위 절 자리 삼아
물 한 그릇 올리고 옥향을 사르니
옥향로에 구름이 하냥한다

하얀 절옷 까만수염 한 신하님
웅얼웅얼 두루마리 절글을 읽어내린다
하늘못 굼부리 항아리울음

펄럭펄럭 구름 바람 타는 두어 발 절글
터지기 젊은이가 말아올려 거든다
(하랴) (「천지가 열린다」 부분)

구상회는 시적 서정에서 신동엽의 시적 자아와 일치하고 공감했다. 구상회가 의병과 다르지 않은 동학군의 자취를 따라 걸을 때, 신동엽이 외세에서 벗어난 민족의 자각을 노래했다. 신동엽이 '한라에서 백두까지 … 그 모든 쇠붙이는 가라'고 조국 분단 극복을 노래할 때 구상회는 '남기/ 북기/ 통일기'로 화답했다. 구상회가 '한 신하님…하늘못 굼부리 항아리울음…젊은이가 말아올려 거든다」고 늙은이 젊은이가 하나 되어 새 세상이 열리는 고천의식을 행할 때, 신동엽은 '산에 언덕에' 온 겨레의 염원이 피어날 것이라 선언한다.

구상회의 시 세계에 자리한 신동엽의 시 정신은 조화롭다. 이들이 〈들꽃〉 동인으로 젊은 겨레 사랑 정신으로 품었던 문학의 뜻은 엄격하고 단정했다. 구상회가 노래한 대로 '재주는 물거품 같을 것'이나 '몽당붓 하나로 심어 논 씨'들이 남 누리 북 누리 온 세상을 다니며 어깨동무하고 춤추고 힘차게 행진하고 있다. 또한 1992년 한·중 수교 후 백두산에서 통일 기원 제례를 올리고 구상회는 이 시를 낭송하고 이상비가 받아 쓰고, 노문이 사진을 찍어 남긴 것으로 알려져 있다.

나. 아버지의 아들, 아들의 아버지 구상회

입향조 이래 구상회의 가문은 지사적인 면모를 지니고 있다. 벼슬을 버리고 공주로 내려온 구득원의 당부는 집안의 내림 법도가 되었다.

「공주 의당에 정착한 능성 구씨는 임진왜란 이후 많은 과거급제자를 내었지만 향지나 읍지에 싣지 않은 것은 집안의 풍습이라고 했다. 조선 후기 '공주에서 행악 안 한 양반가'로서 품위를 지켰다.」

구상회와 동학 전적지를 다니며 관련 구전 자료를 수집하고 그 방법을 직접 배운 정선원이 직접 들은 말을 근거로 공주신문에 기고한 글이다. 이러한 내용은 의당 중흥리에 세운 〈능성구씨 세거지〉 비문의 내용과도 크게 다르지 않다.

오늘
여기 우리들
한굼부리
하늘못 땅물
절물 삼아
절 드리나니

삼신이여

삼줄 풀고 당기사
사람마다
하님을 삼고
되고 여문 짓 도두시고

타고 누르고 밟고
맺히고 얽히고 막히고
스스로 죄는 아닌 짓
스사로이 쓸어 울 넘기시고

탈을 삭이고 살을 녹여
기쁨 슬픔 한마음 나누고
아닌 일 치레 짓에
아무도 진 빠지는 일 없이 하소서

섬기고 따르리니
일어지이다 절하나이다. (「하늘못 절말」 전문)

이 시는 구상회가 남긴 미발표 시집의 표제시로 '천지제행天池祭行'이란 부제가 붙었다. 시의 구성은 백두산 천지에 상주하시는 삼신에게 제를 올리는 고천문 형식을 빌려 삼줄을 삼고 옷감을 짜고 옷을 깁고 살며 인간의 본분에서 어긋나지 않기를 다짐하는 내용이다. 어느 가문인들 이런 마음이 없을까만은 그 간절함이 이를 데 없다. 이러한 다짐은 구상회의 일상에서 수행으로 이행된다.

종이 되려 하오
아니 받으면 천벌 받으리다

예순두 돌 물리고
예순 돌 한잔치 마치고

오붓이 마주한 저녁자리

한평생 걸은 길이
여기서 한 길로 만나는구나

따라 가주지 하는 마음이더니

무엇이 트이듯 이제야 열린다고

절미에 서서

멀리 스스로 다지네

사흘만에 둘러 선 역머리에

그래도 아쉬운 게 남아 한다 (「다짐」 전문)

구상회가 회갑을 맞아 쓴 스스로를 경계하고 다짐하는 시다. 평생 내려받은 뜻을 어기지 않고 살 것이며 만일 어기면 천벌을 받을 것이라 맹세한다. 이런 자경시의 흐름은 이황 선생의 도산십이곡에서 비롯하는 조선 사대부 문학의 단면이다.

> 고인도 날 몯 보고 나도 고인 몯 뵈
> 고인을 몯 뵈어도 녀던 길 알픠 잇네
> 녀던 길 알픠 잇으니 아니 녀고 엇덜고 　(이황 「도산육곡」 후편 9곡)

구상회는 평생 '녀던 길(걸은 길)'에서 벗어나 있지 않으나 무엇이 트이듯이 열리는 것은 알게 된다고 하니 이는 약관弱冠(20세)의 나이에 뜻을 세워 이순耳順(60세)의 경지를 지나고, 이제 종심從心(70세)으로 나갈 참에 후회 없이 살아온 삶을 되새기는 것이다. 이렇게 자신에게 엄격하나 자식들에 대한 걱정은 여느 사람들과 다를 게 없다.

뒤보는 날

으레 생각나게 하는 게 있다

〈재래식 화장실〉이라고

포장한 뒷간

도시라면
호텔 화장실 하나는
됨직한 공간
토담벽

처자식 달고
고학하러 나간
둘째가

이틀을 씨름하며
노닥노닥
발라 놓은 횟손 자국

그 애들 모습이
어른어른 겹친다

동으로 가고자 한 아이는
서로 가고

이리로 오기를 바란 아이는
저리로 간다

세상이 바람 날리고
거슬리는 물살이 쓸어 흩는다

그러기로
할매의 땅이야 흔들리랴

느긋이 마음섶을 여민다 (「뒷간」 전문)

집 떠나 공부하러 간 둘째 아들에 대한 걱정과 그리움이 절절하다. 다른 부모와 다를 것이 없다. '동으로, 이리로' 가기를 바란 자식은 '서로, 저리로' 가고 세파에 시달릴 것이나 든든한 의지가 되어주고 싶은 마음은 결코 버릴 수 없으니 천륜이다.

4. 구상회 선생님의 유고시집 『하늘못 절길-천지제행天池祭行』 출간

시집을 출간하지 않고 작고한 시인의 문학정신을 말하는 것은 용기가 필요하다. 더구나 문장으로 진술되지 않은 사례들을 미루어 짐작하여 글로 옮기는 것은 가상하기는 하나 참으로 위험한 일이다. 구상회 선생님의 경우가 이에 해당한다. 더구나 구상회 선생님은 필자가 어릴 적부터 뵌 동네 어른이었고, 친구의 부친이시니 더욱 그렇다. 다만 구상회 선생님은 동학농민혁명 전적지를 답사하고 구전 자료를 찾고 기록으로 남기는 일을 홀로 하시며 초기 동학 관련 탐사 활동으로 널리 알려진 향토사학자이시어 집필 의뢰에 응했다.

자료를 준비하면서 구상회 선생님께서 번역한 「말로 푼 노자 도덕경」을 읽었다. 통상의 번역과는 좀 다르지만, 그 깊은 뜻을 헤아릴 수 있다. 그러나 동학탐사활동에서 찾고 정리한 자료는 가족들이 가지고 있지 않아서 거의 찾을 수 없었다. 부득이 구상회 선생님의 탐사에 동행했던 원광대 정선원 박사에게 도움을 청했고 관련 자료를 얻을 수 있어 부족한 글을 쓸 수 있었다. 문학 관련 활동은 몇 편의 시가 공주문인협회 기관지 《공주문학》 창간호부터 실려 있어 작품론으로 참고할 수 있으나 부족했다. 다행스런 것은 가족들에게 구상회 선생님께서 생전 작품들을 노끈으로 단단히 묶어 보관을 부탁했다는 말을 듣고 부탁하여 미발표 시집 『하늘못 절길-천지제행天池祭行』을 볼 수 있게 되어 자료로 삼았다. 글을 쓰면서 가족들로부터 『하늘못 절길-천지제행天池祭行』(도서출판 등. 2023)을 시집으로 출간한다는 소식을 들었다. 참으로 고마운 일이고, 가족들의 결행에 경의를 표한다.

    문학 관련하여 구상회 선생님의 이름은 신동엽 시인의 연구에서 거론되지만, 작품을 소개한 자료는 보질 못했다. 함께 동인 활동한 노문 선생님의 시 작품도 볼 수 없어 부득이 논외로 했으나 에세이는 이 글에 인용했다. 집필 과정에 구상회 선생님께서 단군 신앙과 관련된 곳을 방문했다는 가족의 말을 들었고 이상비 교수의 한밝교와 관련이 있을 것으로 생각했으나 확증 자료가 없어 다음 기회로 미루고 이 글에서는 언급하지 않았음을 밝힌다.

하늘못 절길

첫판 1쇄 펴낸 날 2023년 5월 25일

지은이 · 구상회
펴낸이 · 유정숙
펴낸곳 · 도서출판 등
기　획 · 유인숙
관　리 · 류권호
디자인 · 김현숙
편　집 · 김은미, 이성덕

ⓒ 구상회 2023

주　소 · 서울시 노원구 덕릉로 127길 10-18
전　화 · 02.3391.7733
이메일 · socs25@hanmail.net
홈페이지 · dngbooks.co.kr/밝은.com

정가 · 12,000원

■ 이 책은 저작권법에 따라 보호받는 저작물이므로 무단 전재와 무단 복제를 금합니다.
■ 이 책의 전부 또는 일부를 이용하려면 저자와 도서출판 〈등〉에 동의를 받아야 합니다.